失敗から学ぶ[実務講座シリーズ]02

税理士が見つけた!
本当は怖い
飲食業経理の
失敗事例
55

東峰書房

はじめに

　私は辻・本郷税理士法人の税理士に「いつもお客様の目線で」と繰り返し言っています。しかし言うは易しで、常にお客様の目線で仕事をするというのは難しいことです。専門家は、ともすると「自分の専門性を　→　お客様の経営に役立てる」という順番で考えてしまいがちですが、辻・本郷税理士法人ではその思考回路は厳禁です。「お客様の経営を　→　（専門性を含めた）自分たちが持ちうる総力でご支援する」これが正しい。自分の得意なことを押し付けるのではなく、お客様のニーズに合わせて行動する、それが会計事務所というサービス業の鉄則です。

　なぜそんなお話を冒頭に書いたかというと、本書はまさしく「お客様目線」の志でつくったからです。「業種に絞った経理の本」というと、専門家はまず、業種特有の税法や会計という「専門性」から発想してしまいがちです。しかし経営者・ご担当者の皆様のお悩みやお困りごとは、それが税務として専門的であるか否かとは全く関係がない。したがって、その業種の経営を統計的に観察し、「現場で発生する頻度が高く失敗すると重大なこと」を凝縮した本こそ求められているのではないかと考えました。そういう意味では、本書はまさしく辻・本郷税理士法人の真骨頂と自負しております。私は30年前１人で会計事務所を始めました。当初から飲食業の顧問先が多く、まさしく「１人の店主、１人の会計士」の関係から始めさせていただき、おかげさまで顧問先3000社、飲食業のお客様だけでも数百というおつきあいをさせていただくに至りました。この私の経験

と、辻・本郷税理士法人の飲食業プロジェクトチームの統計的な見地から、「現場でおきていること」に徹底的にこだわってつくったのが本書です。

　さらに本書「失敗から学ぶ〔実務講座シリーズ〕」は読者の方々が短時間で、印象的に、効率的に、必要な知識だけをストレートにインプットできるように、通常の実務書とは逆順で解説した、いわば「逆転のケーススタディ」で構成されています。例えば通常の実務書が「この税法はＡだからＢ、ＢなのでCの実務の場面ではＣ、Ｄだと失敗するので要注意」というように構成されているのに対して、本書は読者の方にとって重要かつ印象的な失敗事例Ｄから話をはじめています。

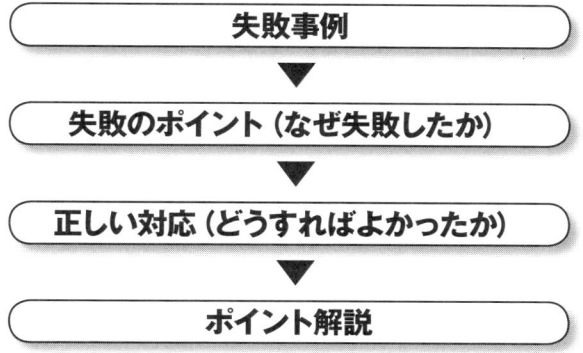

　また、ごく基本的な事項からはじめながら後半では難易度の高いテーマにも触れており辻・本郷税理士法人の統計的頻出事例でもあるので、専門家の方々にも充分お役立ていただけるものと思います。

辻・本郷税理士法人
理事長　本郷孔洋

目次

税理士が見つけた！
本当は怖い飲食業経理の失敗事例55

はじめに ……………………………………………………… 2

第1章　起業と経営　　　　　　　　　　　　　　　　9

〈事例01〉　決算期の決め方 …………………………………… 10
〈事例02〉　創業時に提出する書類 …………………………… 16
〈事例03〉　開業資金が足りない?! …………………………… 24
〈事例04〉　居抜きで店を買うときの注意点 ………………… 30
〈事例05〉　資本金が1,000万円以上である場合の
　　　　　消費税に関する注意点 …………………………… 36
〈事例06〉　開店前のスタッフ人件費 ………………………… 42
〈事例07〉　経営者がおさえるべき財務諸表の基本 ………… 46
〈事例08〉　店にかかる税金とは？ …………………………… 54
〈事例09〉　融資を断られた事業計画 ………………………… 62
〈事例10〉　店舗を賃貸する場合に発生する
　　　　　諸経費の処理 ……………………………………… 70
〈事例11〉　経営者がおさえるべき管理会計の指標 ………… 76
〈事例12〉　原価率から料理単価を設定したのに赤字?! …… 84
〈事例13〉　いつもレジの現金残高があわない ……………… 90

第2章　事務・経理一般編　　　　　　　　　　　　　97

〈事例14〉　青色事業専従者給与の適正額 …………………… 98
〈事例15〉　役員報酬の増額分が認められなかった事例 …… 104

〈事例16〉	店内生演奏による騒音クレームの対策費	110
〈事例17〉	モーニングセット回数券販売に係る売上の計上時期についての事例	116
〈事例18〉	資産計上すべきホームページ制作費用について	120
〈事例19〉	内装工事に伴う経費の取扱い	124
〈事例20〉	賃借物件に造作を行った場合の取扱い	130
〈事例21〉	壁紙の張り替え費用	134
〈事例22〉	中古レストランの内装を改装した場合の耐用年数	140
〈事例23〉	決算対策で店舗備品を購入する場合の価格についての注意点	146
〈事例24〉	回収の目途がつかない売掛金について貸倒損失を計上	152
〈事例25〉	メーカーから広告宣伝用資産をもらった場合の取得価額	158
〈事例26〉	年払いの費用が損金として認められなかった事例	164
〈事例27〉	領収書に貼付する印紙の取扱いについて	170
〈事例28〉	従業員の賄い費用が現物給与とされた事例	176
〈事例29〉	カード売上の未計上	180
〈事例30〉	ツケ代金がいつの間にか時効になっていた事例	186

〈事例31〉	店舗に必要な保険	190
〈事例32〉	税務調査でここまで調べる?!	196
〈事例33〉	役員に対して無利息で貸付を行った場合の事例	202

第3章 労務編　209

〈事例34〉	労働保険・社会保険の加入について	210
〈事例35〉	従業員との飲食代に交際費等の5,000円基準を適用できるか？	216
〈事例36〉	功労社員に対する表彰などによる現物給与課税	222
〈事例37〉	残業者に対する夜食代は、給与課税となるのか？	228
〈事例38〉	内装工事期間中を利用して行った海外慰安旅行に係る費用	234
〈事例39〉	従業員への決算賞与が認められなかった事例	240
〈事例40〉	従業員が変動する場合における源泉所得税の納期の特例	246
〈事例41〉	無断欠勤中の社員をクビにしたとき	252
〈事例42〉	従業員から未払い残業代を請求された	260

第4章　事業拡大編　　　　　　　　　　　　　　267

〈事例43〉　**法人への移行を考えるタイミング**　…………　268

〈事例44〉　**法人成りに伴う消費税の取扱い**　……………　274

〈事例45〉　**個人事業当時から勤務する
　　　　　　従業員に対する退職金について**　……………　280

〈事例46〉　**店舗を増やした場合の
　　　　　　均等割の注意点（新店舗設立）**　………………　286

〈事例47〉　**店舗買収における消費税の取扱い**　…………　292

〈事例48〉　**グループ内での資産譲渡取引について**　……　298

〈事例49〉　**郊外に出店する際の
　　　　　　土地の取得価額に関する留意**　…………………　306

第5章　相続・事業承継　　　　　　　　　　　　　311

〈事例50〉　**相続人が複数いるオーナー社長の事業承継**　…　312

〈事例51〉　**後継者の長男に、自社株式を贈与するとき**　……　320

〈事例52〉　**創業社長が持つ土地の譲渡タイミング**　…………　328

〈事例53〉　**設立時に名前を借りた株主から
　　　　　　株式買取の請求が！**　………………………………　334

〈事例54〉　**親族ではない料理長に店を譲りたい**　……………　340

〈事例55〉　**飲食店を居抜きで譲渡する場合**　……………………　344

第1章

起業と経営

事業はスタートの瞬間から
たくさんの「失敗のタネ」があります。
開業時にありがちな失敗をご紹介するとともに、
開業したてのオーナーに、
計数管理や税金の基本、現金管理の方法など、
飲食店経営の基礎でありがちな
失敗をご紹介します。

事例 01

決算期の決め方

　10年前から飲食業界で働いており、いずれは自分の店を持ちたいと考えていたAと申します。今年1月、大変に良い物件が出たことを機に、法人を設立し起業しました。
　（この物件、「春は花見と春祭り、夏は花火、秋は紅葉が美しい公園」のほど近くであり、かつ周りにオフィスも多く、ビジネスランチ客も見込めます）
　おかげさまで店は順調、忙しすぎるくらい忙しい日々でしたが、問題が発生しています。
　決算期を3月末日に決めたのですが、3月下旬から4月中旬にかけては花見客に加えて会社の歓送迎会が立て込み、その忙しさのまま5月の春祭りシーズンに突入してしまい、日常の経理処理もままならないまま申告期限が刻一刻と近づいてきてしまいました。
　慣れない経理作業は閉店後にこなすしかなく、毎日ほぼ徹夜を続け、日常の忙しさと相まって体をこわしてしまいました。

会社の決算と言えば3月、という印象があったのですが…。

現在の上場企業は3月決算企業が多く、Aさんのように「決算と言えば3月」という印象をお持ちの方も多いかと思います。

しかし、本業の繁忙期と決算期が重なってしまったため、経理作業に十分な時間を割くことができなくなってしまいました。特に起業したての第一期は、経理作業になれていないため、余計な時間がかかってしまいがちです。

失敗のポイントはズバリ、「あまり深く考えずに決算期を決めてしまったこと」にあります。

正しい処理

決算期の決め方ですが、特に理由がなければ、繁忙期を外した方がいいのではないかと思われます。Ａさんの場合、花見や春祭りなど、繁忙期と決算期が必ず重なることが間違いなさそうなので、場合によっては決算期の変更も考慮すべきかもしれません。

決算期を変更するには、臨時株主総会を開き、決算期変更の定款変更決議を行ってください。税務署等への届出が必要になります。

［ポイント解説］

　役所関係の仕事が多い土木建設業は役所にあわせて３月決算、大企業の連結子会社は親会社の決算期に合わせる、などの事情で決算を決めることもありますが、飲食店で独立したＡさんのようなケースでは、決算期を決める際に繁忙期はできるだけ避けて決めた方がいいと思われます。

　本業の繁忙期に決算をすると、「決算の対策に時間がとれない」というデメリットがあります。

　これは毎年のことになりますので重要なポイントです。

　たとえばスーパーやデパートなどの小売店では、２月・８月の、俗に「ニッパチ」といわれる月を決算期とする法人が多くあります。「ニッパチ」は小売店が比較的、ヒマな時期にあたるからです。

特に小売店の場合、決算期には「棚卸し」をしなければいけません。そのためにも、比較的モノの動きが少ない2月・8月に決算するケースが多いのです。

　また、Aさんのように明らかな繁忙期がある法人の場合、できるだけ期の前半に繁忙期がくるようにするとよいかもしれません。

　繁忙期が過ぎてその期の売上の目処が立ったところで、時間をかけて決算の対策を練ることができるからです。

　なお、設立第1期目をできるだけ長くなるように決算期を設定すると、それだけ消費税を納めなくていい期間が増え、法人にとって有利に働く場合があります。

　これは、消費税法には「資本金が1,000万円未満の企業に対する設立第2期までの消費税免税」という規定があるからです。(注1)

　たとえば、Aさんの場合、1月に法人を設立して3月に最初の決算を迎えています。つまり第1期は3ヶ月しかありません。消費税の免税期間の面では、かなり損をしそうです。

　そればかりでなく、あまりにも忙しすぎて「青色申告の承認申請」が第1期中に間に合わず、第1期が白色申告になる可能性もあります。第1期が白色申告になった場合、欠損金を翌年以降7年間(法人の場合)繰越できる特典が使えなくなります。

　第1期は設備投資の償却や、要領を得ない無駄な仕入れなどで赤字になりがちです。

　たとえば500万円の赤字だった場合、500万円×40%(法人税等の税率)＝200万円の節税が翌期以降にできるかどうか…という大きな話になります。

　第1期はなるべく長く、そして極端に短い決算期は避ける。

　こうしたことを総合的に考えて、決算期は慎重に決めてください。

　なお、青色申告の承認申請書は、設立の日以後3月を経過した日と当該

〈事例01〉決算期の決め方

事業年度終了の日とのうち、いずれか早い日の前日までに提出しなければなりませんので、第1期の事業年度を長めに設定した場合であっても提出日には注意して下さい。

　さらに、Aさんの場合、3月決算を続けることが今後の事業運営にマイナスになる可能性が高いように思います。

　その場合は、決算期の変更も考えた方がよさそうです。

　決算期を変更する場合は臨時株主総会を開き、決算期変更の定款変更決議を行う必要があります。税務署等への届出も忘れずに行ってください。

(注1)平成23年度の税制改正により、第2事業年度であっても消費税が免税にならない場合がありますので注意して下さい。
　　 改正内容については、事例5の「ポイント解説」の末尾をご覧ください。

column

主な外食産業各社の決算期

　主な外食産業各社の決算期は次のとおりです。2月や8月を決算期としている会社があることがおわかりになるかと思います。

(図1) 主な外食産業各社の決算期

会社名	決算期	売上高 (百万円)
(株)サイゼリヤ	**8月**	85,985
カッパ・クリエイト(株)	**2月**	83,032
(株)大戸屋	**3月**	14,978
(株)グローバルダイニング	**12月**	14,416
(株)ワイズテーブルコーポレーション	**2月**	5,849

〈事例01〉決算期の決め方

事例 02 創業時に提出する書類

　飲食業界で働くこと15年、念願の独立を果たし、このたび小さなスペインバル（スペイン風の居酒屋）を開店したAと申します。

　開業にあたり、私自身が食品衛生管理者の講習を受講し、保健所の営業許可証も取得しました。また、消防署で防火管理者講習も受講しました。

　さらに友人から、「法人を設立せず、個人で開業する場合でも税務署に開業の届出を出さなくてはいけない」とアドバイスを受けたため、急いで税務署にも「個人事業主の開業届出書」と「給与支払事務所等の開設届出書」（給与を支払う店を開店するときに必要だそうです）を提出しました。

　新しい店は主に私が調理を担当し、ホールスタッフとして2名のアルバイトを雇いました。料理の味とホールのオペレーションには自信がありましたので、初年度にしては業績好調のうちに最初の確定申告の時期を迎えました。

　確定申告に向けて、1月に税理士に相談したところ「非常にすばらしい決算ですが、Aさんのお

店は初年度の設備投資があるため、昨年度は200万円の赤字です。ところで、税務署には『所得税の青色申告承認申請書』を提出していますよね？」と質問されました。

　そのような書類は提出していない旨を伝えると、「そうなると、昨年度の200万円の損失は今年度以降に繰り越すことができず、損切りとなります」と指摘を受けました。

　Aさんは、飲食業界で働いていた頃の知見があったため、飲食店を開くための営業許可や食品衛生管理者や防火管理者を置くことなどは完璧な対応をしています。

　しかし、店を開く場合は税務署への提出書類も重要です。もし、「青色申告の承認申請書」を提出していれば、その年の確定申告は「青色申告」となります。個人事業主の場合、青色申告になると、最高65万円の青色申告控除が受けられ、さらに損失を翌年以後3年にわたって繰り越すことができるなど、メリットが非常に高いのです。

　「青色申告の承認申請書」は、必ず出さなければいけない書類ではありませんが、大きなメリットのあるこの書類を提出しなかったことは、今回の失敗のポイントです。

> **正しい処理**
>
> 初年度から青色申告をするためには、その申告年度の3月15日まで(または開業後2ヶ月以内)に、税務署に「青色申告承認申請書」を提出すれば、青色申告に伴う様々なメリットを受けることができます。なお、青色申告を受けるためには、帳簿作成が義務となります。

[ポイント解説]

1. 青色申告をした場合の事業所得

　青色申告をした場合と、しなかった場合(これを「青色申告」に対して「白色申告」と言います。申告書の色が青色申告だと青、白色申告だと白だから、という理由?!)の、事業所得の金額を比較して見ると、次の通りです。

　青色申告をすれば、設立3年目までにあわせて400万円もの利益が出ていても、事業所得はたったの70万円、ということがおわかりになるでしょうか?

Aさんが**青色申告**をした場合

	設立1年目	設立2年目	設立3年目
収益-費用 （利益）	▲200万円	＋150万円	＋250万円
青色申告控除	—	▲65万円	▲65万円
繰越損失	—	▲85万円	▲115万円
事業所得	▲200万円	0円	70万円

Aさんが**白色申告**をした場合

	設立1年目	設立2年目	設立3年目
収益-費用 （利益）	▲200万円	＋150万円	＋250万円
青色申告控除	—	0円	0円
繰越損失	—	0円	0円
事業所得	0円	150万円	250万円

　青色申告をする際には帳簿の作成が義務づけられます。とはいえ、最近はパソコンで簡単に集計できるソフトや、エクセルなどの表計算機能を使えばそれほどの手間ではなくなってきました。（そもそも、この本を手に取るような方は、きっと帳簿はつけるはず?!）

　帳簿をつけることは、店の経営にとっても重要なことですので、帳簿をつけることを避けて青色申告を提出しないことのデメリットの方が大きいように思います。

2. 青色申告の特典—青色事業専従者給与

　今回ご紹介した青色申告控除や純損失の繰越し控除の他にも、実は青色申告の特典はたくさんあります。(いろいろな規定の中で「一定の要件を満たす場合」などと書いてある場合、青色申告者であることが一定の要件の1つであることが多いです)

　その中で、飲食業でよく使う青色申告の特典の1つ、青色事業専従者給与についてお話しします。

・青色事業専従者給与とは？

　「青色申告者と生計を一にしている配偶者やその他の親族のうち、年齢が15歳以上で、その青色申告者の事業に専ら従事している人に支払った給与」のうち、事前に提出された届出書に記載された金額の範囲内で専従者の労務の対価として適正な金額であれば、必要経費に算入することができます。

　例えば奥さんや成人した子供たちなど身内が店を手伝うような場合、労務の対価として適正な金額であれば全額、必要経費として認められるということです。

・もし白色申告だった場合は？

　事業専従者控除額は、次のイ又はロの金額のどちらか低い金額です。
　　イ　事業専従者が事業主の配偶者であれば86万円、配偶者でなければ専従者1人につき50万円
　　ロ　この控除をする前の事業所得等の金額を専従者の数に1を足した数で割った金額

　つまり、白色申告の場合、事業主の妻や夫で最大年86万円、成人した子供たちなどは最大年50万円までしか、必要経費として認められないとい

うことです。

特に家族経営の飲食店の場合は、青色事業専従者給与の特例を使った方が有利になりがちです。帳簿作成の手間はかかりますが、ぜひ青色申告に挑戦すべきだと思います。

なお、青色事業専従者給与についての詳しい説明は、事例14で改めてご紹介いたします。

もうワンポイント ▶▶▶▶ あえて消費税の課税事業者になる?!

個人事業主の場合、基本的に設立から2年目までは消費税の免税事業者になります。

ただし、設備投資が多額にあった場合などは、たとえ免税事業者であっても課税事業者を選択することによって、消費税の還付を受けることができます。

消費税額の計算方法の基本
受け取った消費税額 - 支払った消費税額 ＝ 納付 (還付) 消費税額

こんな場合は消費税が還付される

受け取った消費税額 (1)	50万円	売上1,000万円
支払った消費税額 (2)	▲15万円 ▲100万円	仕入300万円 設備投資2,000万円
還付される消費税額	▲65万円	設備投資がなければ35万円の納税

〈事例02〉創業時に提出する書類

消費税の課税事業者となるためには、原則として課税事業者となろうとする課税期間の開始の日の前日までに、「消費税課税事業者選択届出書」を所轄税務署長に提出することが必要です。ただし、新たに事業を開始した場合には、その事業を開始した年の12月末日までに提出すれば、初年度から課税事業者となります。

　Aさんの場合、スペインバルということで、内装や設備にかなりの投資をしている可能性があります。あえて消費税の課税事業者になっても、メリットがあるかもしれません。

　ただし、一度消費税の課税事業者になると、2年間は免税事業者に戻ることはできません。設立2年目までの消費税免税制度を使った方が有利か、あえて課税事業者になったほうが有利かは、綿密なシミュレーションを行う必要があります。(注1)

(注1) 平成23年度の税制改正により、設立2年目であっても消費税が免税にならない場合がありますので注意して下さい。
　　　改正内容については、事例5の「ポイント解説」の末尾をご覧ください。

MEMO

事例 **03**

開業資金が足りない?!

　自己資金で店を持ちたい、と考えたのが20年以上前。メーカー勤務のサラリーマン生活を送っていましたが、ここにきて資金的に十分になった、と考えて会社を早期退職し、店を持つことを決めました。

　店舗の保証金、敷金、家賃などの物件費は事前にリサーチし、内装デザインや厨房設備、電気ガス水道工事費用も早い段階から見積もりを取り、初期の仕入費用もおおざっぱに計算し、さらに予備費として200万円ほど準備をしておりました。

　ところが実際に開店の準備にかかると、電気の容量が足りず、思っていたよりも多額の電気工事代がかかってしまったり、店内で使う家具もあまりみすぼらしいものにするわけにもいかず、開店どころか途中で自己資金が底をつく始末。親類に頭を下げてお金を借りることができたのですが、見通しが甘すぎたことに反省しきりです。

失敗のポイント

　開業するために、何をどこまで準備すればよいのか。特に他業種から独立した方には、なかなか想像がつきづらいかもしれませんね。ご本人も認識していらっしゃるようですが、見通しの甘さが失敗のポイントですね。
　一度、どのような費用がかかるのか、シミュレーションしてみてもよかったかもしれませんね。

正しい処理

　飲食業を開業するためには大きく「物件取得費」「内装工事費」「開業前後に係る費用」があります。

1．物件取得費
　　店舗を借りる（買う）ときに発生する費用です。
（1）保証金または敷金（地域などによって異なる）
（2）仲介手数料（仲介物件の場合、不動産業者に支払う）
（3）礼金（なくなりつつある）
（4）前家賃
（5）造作譲渡料（前の飲食店をやっていた人に支払う費用。場合によって発生する）

〈事例03〉開業資金が足りない?!

2. 内装工事費

店舗の内装・外観のための工事です。店によっては、かなり高額になります。

（1）設計・デザインの費用
（2）厨房設備の費用
（3）エアコンの設備費用
（4）内装・外装工事の費用
（5）電気工事の費用
（6）ガス・水道工事の費用
（7）サイン制作の費用
（8）照明機器の費用
（9）家具の費用

3. 開業前後に係る費用

店の内装が終わった後、開店して経営が軌道に乗るまでにかかる費用です。

（1）什器、備品などの費用（什器、食器、調理器具、備品、消耗品類、電話FAX、パソコンなど）
（2）広告宣伝費用（チラシ、店の名刺、ホームページ制作費など）
（3）初期仕入費用
（4）運転資金（売上が上がるまでの給与、家賃など）
（5）予備費

[ポイント解説]

これまでに列挙した各費用で、注意すべき点を解説します。

1. 物件取得費

まず(1)保証金または敷金。繁華街などでは家賃の20ヶ月分などというところもあり、逆に地方では2ヶ月程度で済む、など、地域によってかなり差がでる点です。保証金は物件取得費の中でも大きなウェイトを占めるので、必ず確認して下さい。

(3)礼金は、最近ではなくなりつつある風習(?!)ですが、関東地方では未だにやりとりされることが多いように感じます。多いところでは家賃の6ヶ月分、というところもありました。礼金の有無も是非確認したいところです。

(4)前家賃について、家賃は前払いが一般的です。家賃の計算は、契約した日からの分を日割りで計算します。

(5)の造作譲渡費は、前のお店の内装やら厨房機器(場合によってはお店の名前も)を買う時に支払うものです。大家さんに払うのでなく、前のお店の経営者に払います。

造作譲渡料は、物件によってかかるもの、かからないものに分かれます。前のお店が流行ってたり、使えるものが多ければ造作譲渡料は高くなります。

2. 内装工事費

(2)厨房設備の費用は高額になりがちです。ゼロから造作をすると2,000万円程度必要?!との試算もあります。この点についてはしっかりと見積もりを取るべきです。

(5) 電気工事も、この事例のように電気容量が足りない場合は思わぬ高額出費になりがちですので注意が必要です。

(9) 家具費用は、店によってマチマチです。カウンターのみで営業する場合はホームセンターなどでカウンター用木材を購入し、店の造作時に一緒につけてもらうという手も使えますが、テーブルと椅子を準備するとなると、セットで10万円単位のお金がかかってくることもザラです。どのような店にしたいのか、雰囲気にあわせた家具選びと予算とのバランスが難しいところです。

3.開業前後に係る費用

まず(1)什器、備品などの費用ですが、調理器具や食器類はもちろんのこと、店内に準備しておく文具や雑貨、掃除道具に加えて電話やFAX、予約をメールで受け付けたり、ホームページの更新をするためのパソコンなど、細かいものでかなりの出費になるため、注意が必要です。100円ショップなどを活用しながら、ここは出来るだけ出費を抑えたいところです。

(3) 初期仕入費用について、開店当初は低く抑えることをおすすめします。「安くなるから大量仕入したけれど、結局思っていたほど使わなくて破棄した」という失敗、よく目にします。

(4) 運転資金については、内装工事を行っている間にも家賃はかかってきますし、従業員を雇えば給与もすぐに支払わなければなりません。事前のシミュレーションが必要な点です。

(5) 予備費は、やはり予期せぬ出費に対する備えとして、開業資金の1割程度を準備しておくのが望ましい、とされています。

開業には様々な資金がかかります。この事例の場合、それぞれどの程度を見積もるのか、綿密にシミュレーションして、必要に応じて銀行等からの借入を検討してもよかったかもしれませんね。

MEMO

事例 04

居抜きで店を買うときの注意点

　開業するにあたり、物件を探しておりましたところ、居抜きの物件でちょうどよい店を紹介されました。前の店が閉店して間がなく、内装などは少し手を入れれば問題なく営業ができそうな雰囲気でしたし、厨房設備などもそのまま譲渡してくれる、とのこと。早速、総額２,０００万円の契約を結びました。

　居抜き物件のおかげで想像より早く開業出来た上に、前の店のお客様が当店にも来店して下さり、設立第１期から利益が出る、なかなか好調な滑り出しでした。第１期は期間が短かったため、自分で決算・納税を行い、税理士には第２期からお世話になることにしました。

　その税理士と最初の面談のとき、

　「この建物２,０００万円の内訳は何ですか？」と尋ねられました。これは消耗品等（ここでは消耗品や資産に計上しなくてもいい設備、その他の経費を言います）や厨房設備まで居抜きで買った物件の契約内容（「造作譲渡一式２,０００万円」）に従

い、全額を建物勘定に計上した旨を伝えたところ、「建物に計上したもののうち一部は費用として第1期の損金になったものもありましたね。場合によっては、第1期は赤字になって納税しなくて済んだかもしれません」と指摘されました。

失敗のポイント

　居抜き物件の契約では、この事例のように契約書上は「造作譲渡一式」のように総額表示されることがよくあります。しかし会計上、消耗品や資産に計上しなくてもいい設備、その他の経費は消耗品費等で処理して損金にし、設備関係も明細を元に資産計上していく必要があります。

　契約書の記載内容に従って、一括して建物（資産）に計上してしまったことが、今回の失敗のポイントです。

> **正しい処理**
>
> まず、仲介業者から必ず、譲渡資産の明細をもらうようにして下さい。その明細に従い、資産として計上する部分と一時の費用として処理できる部分に分類します。
>
> さらに、資産として計上したものは、法定耐用年数にわたって資産ごとに毎年、減価償却を行う必要があります。

 ［ポイント解説］

　居抜き物件とは、かつての借り主が退店した後、内装の造作、什器備品等を新しい借り主が引き継げる物件のことを言います。

1. 会計上のポイント

　仲介業者と譲渡契約を交わすと、多くの契約書は「造作譲渡一式」のような形で総額表示のみの契約書を交わすことになります。

　しかし、会計上、消耗品費等は費用として処理し、設備や厨房については資産ごとに減価償却を行う必要があります。

　内装譲渡を行う時には、譲り受ける内装や設備、厨房のリストを前オーナーから提出してもらい、引き渡しの際にリストを確認し、資産譲渡を契約の際に実行してもらうことが重要です。

　こうした明細をもらうことは、正しい決算を行うためだけでなく、万一、

何らかのトラブルが発生したときに前オーナーとの話し合いをスムーズに進めるためにも重要です。

(リストの一例)

内訳	単価	数量	金額（円）
消耗品等	一式		5,000,000
建物	一式		8,000,000
厨房設備－冷蔵庫	800,000	3	2,400,000
冷房設備（厨房用）	800,000	1	800,000
⋮	⋮	⋮	⋮

　もし、このような明細であった場合、建物は建物勘定に、冷蔵庫と冷房設備は工具器具備品等の勘定に資産として計上します。

　さらに、建物は建物で、工具器具備品は冷蔵庫と冷房設備に分けて減価償却の計算を行います。

　事業などの業務のために用いられる建物、建物附属設備、機械装置、器具備品、車両運搬具などの資産は、一般的には時の経過等によってその価値が減っていきます。このような資産を「減価償却資産」といいます。（土地や骨とう品などのように時の経過により価値が減少しない資産は、減価償却資産ではありません）

　減価償却資産の取得に要した金額は、取得した時に全額必要経費になるのではなく、その資産が使用可能な期間にわたり分割して必要経費としていくべきものです。減価償却とは、減価償却資産の取得に要した金額を一定の方法によって各年分の必要経費として配分していく手続のことを言います。

この「使用可能期間」に当たるものが「法定耐用年数」です。「法定耐用年数」は資産の種類、細目ごとに、財務省令の別表に定められています。

2.居抜き物件で開業する上での注意点

物件契約時に明細をもらうこと以外にもう1つ、確認すべき点があります。
前のオーナーが、内装や設備、厨房などでリース契約を行っているものがないか、という点です。

内装譲渡契約を締結してお店がオープンした後に、リース契約をした厨房機器であることが分かった場合、そのリース会社がリース契約している設備や機器を持ち帰るというケースがあります。(リースはあくまでリース会社の資産なので)

この場合、せっかく内装譲渡金を払ったのに、その機器や設備が撤去されてしまうため、新たに機器や設備をそろえなくてはいけなくなったり(その間は開店しても休業することになります)、最悪の場合は店の経営を続けることができなくなります。

不動産契約や内装譲渡契約を行う際には、万一のことを考えて契約書にリースでの問題があった場合についての条項を入れることも必要です。

居抜き物件は、初期費用と開業までの期間をかなり抑えられる(必然的に損益分岐点も下がる)といったメリットがあります。

その反面、店のレイアウトや構造に変更を加えにくい、前の店の評判に左右されることがある(評判の悪い店だと客が敬遠しがち、など)といったデメリットもあります。

自分にとってのメリット・デメリットを考慮しながら、慎重に判断してください。

column

借店舗のタイプ

　借店舗のタイプには、
　①「空き店舗」、②「居抜き店舗」、③「リース店舗」
の3つがあります。
　大きく分けると「空き店舗」は内装や厨房などの設備がない物件、「居抜き店舗」と「リース店舗」はともに内装や厨房機器などの「造作」が施してある物件です。
　「居抜き店舗」と「リース店舗」の違いは、賃借条件です。
　「居抜き店舗」は、契約時、保証金に加えて前の借り主が施した造作も買い取ることになります。
　一方「リース店舗」は、造作の費用が毎月の賃料に上乗せされます。
　ただし、バーやクラブ以外の飲食店の場合は、「空き店舗」か「居抜き店舗」のどちらかから選ぶことが多いようです。
　一般に、「居抜き店舗」は「空き店舗」に比べて初期投資が少なくて済むメリットがある反面、造作に不備があると投資額が膨らむ場合もあるので、事前のチェックが重要です。特に空調設備や厨房機器の性能、電気容量、排水設備は外見からは判断しにくいので要注意。
　さらに、「居抜き店舗」の場合には、前の店が撤退した理由を探りつつ、立地に問題がないか、自分の業態ならうまくいくかどうかを、「空き店舗」以上に念入りに調査する必要もあります。
　居抜き物件にしろ、空き店舗にしろ、電気やガス、給排水、給排気などの設備関係については、自店で必要な容量を満たすかどうかを確認して下さい。また、看板などの設置も、家主の承認が必要な場合がありますので要注意です。

事例05 資本金が1,000万円以上である場合の消費税に関する注意点

　長年の夢だった自分の店をオープンするために、資本金1,000万円の飲食業の会社を設立しました。

　開業費用や人件費で当初予定していたよりも資金がかかりましたが、口コミでお客様も増えて売上も順調に伸びております。また同業者から「設立した事業年度と次の事業年度は、消費税を納める必要がない」と聞いていましたので、消費税を納めない分、会社に現金をストックできるので、当分の間は何とか借入れをせずにやっていけると考えておりました。

　先日、決算が近づいてきたこともあり、申告書の作成を税理士にお願いをしようと思い相談に行ったところ、税理士から

「あなたの会社は初年度から消費税を納める可能性がある」
と指摘されてしまいました。

失敗のポイント

資本金が1,000万円以上の会社は、初年度から消費税の課税事業者となります。初年度に課税仕入の金額が多い場合には、消費税は還付される可能性がありますが、経費が売上より多くても、その大半が人件費である場合には、人件費は消費税の課税仕入となりませんので、赤字でも消費税を納付する可能性があります。

正しい処理

(1) 資本金が1,000万円以上である場合

初年度から消費税の課税事業者になります。

一般的に、仕入より売上の方が多い場合には、「課税売上」－「課税仕入」の差額に対して消費税を納付する必要があります。

また簡易課税を選択できる場合には、新設事業年度終了の日までに「消費税簡易課税制度選択届出書」を提出する必要があるか検討する必要があります。

簡易課税を選択した場合には、課税売上に業種別に応じた「みなし仕入率」（店舗内で食事等を提供する飲食店の場合には60％）を用いて消費税額を計算します。

　前々期の課税売上が5,000万円超である場合には、簡易課税を選択できませんが、5,000万円以下である場合には選択できますので、会社の売上と経費の内容に応じて本則課税又は簡易課税の有利不利を検討する必要があります。

(2) 資本金が1,000万円未満である場合

　新設事業年度から2事業年度は、消費税の免税事業者となります。

　課税仕入が課税売上を上回る事が予想されている場合には、設立事業年度終了の日までに「消費税課税事業者選択届出書」を提出して、消費税の還付を検討する必要があります。

　届出後2年間（※調整固定資産を取得した場合等には、取得日を含む3年間）は継続しなければなりませんので、翌期において課税売上が課税仕入を上回った場合には、消費税の納税義務が生じます。

　また前々期の課税売上が1,000万円を超えた場合には、資本金の金額に関係なく、消費税の課税事業者となります。

※調整固定資産……建物、構築物、機械及び装置その他の資産で購入価額が100万円以上のもの

[ポイント解説]

　資本金が1,000万円未満の会社である場合には、「消費税課税事業者選択届出書」を提出しない限り、設立から2期以内は消費税を納める義務はありません。
　したがって、会社側に資本金が1,000万円以上である必要が特にない場合には、資本金を1,000万円未満にされて、本来納付するべき消費税分の資金を会社に留保されてもよろしいかもしれません。
　なお、資本金が1,000万円以上であるかの判定は、事業年度開始の日における資本金の額又は出資の金額で判定します。
　しかし平成23年度の税制改正により、消費税の事業者免税制度における免税事業者の要件について以下の見直しが予定されております。

「消費税の事業者免税点制度の適正化」

　消費税の事業者免税点制度における免税事業者の要件について、次の見直しを行います。

　個人事業者のその年又は法人のその事業年度につき現行制度において事業者免税点制度の適用を受ける事業者のうち、次に掲げる課税売上高が1,000万円を超える事業者については、事業者免税点制度を適用しないこととします。
（イ）個人事業者のその年の前年1月1日から6月30日までの間の課税売上高
（ロ）法人のその事業年度の前事業年度（7月以下のものを除く）開始の日から6月間の課税売上高

> （ハ）法人のその事業年度の前事業年度が7月以下の場合で、その事業年度の前1年内に開始した前々事業年度があるときは、当該前々事業年度の開始の日から6月間の課税売上高（当該前々事業年度が5月以下の場合には、当該前々事業年度の課税売上高）
>
> （平成23年度税制改正大綱より）

　この改正は、上記の年又はその事業年度が平成25年1月1日以後に開始するものについて適用される予定です。

　資本金が1,000万円未満である場合には設立2事業年度は消費税の免税事業者であったのが、この改正により2期目から課税事業者になる会社が増えることになります。

column

完全独立か、フランチャイジー(加盟店)か

　昨今の飲食業界はフランチャイズ・ビジネスも盛んです。これはフランチャイザー(本部)に加盟・提携して店を開くやり方です。(フランチャイズ・ビジネスといえば大手コンビニエンスストアが有名ですね)
　フランチャイジー(加盟店)となる大きなメリットは2つあります。
　それは「知名度」と「ノウハウ」です。
　大手ブランドの知名度があれば、たとえ新しい店でもどんな店なのかがわかりやすく、お客様も入りやすい、というのはメリットです。
　また、豊富な店舗運営経験に裏付けられた経営・運営のノウハウは、新規開業する者にとって大きな支えとなります。特に厨房を経験していないオーナーにとっては、調理・料理のノウハウはとても役に立ちます。
　しかし、いいことばかりではありません。
　多くのフランチャイズ店が抱える問題は加盟・保証・ロイヤリティ・商標使用料などの各種費用負担。特にロイヤリティ・商標使用料などと言われる本部上納金は、毎月一定額を支払わなければならないため、固定費として大きな負担になることが多いようです。
　また、メニュー・サービスなどソフト面の規格はフランチャイズによって一定の水準を保たれることが、メリットにもデメリットにもなり得ます。もし経営がうまくいかなかった場合、チェーン店は思い切った改善・改革をしにくい、ということがあります。
　どういった形で独立するか、メリット・デメリット両面を見て熟慮を重ねて下さい。

事例06

開店前のスタッフ人件費

 パスタを中心としたいわゆる「イタめし」を出すレストランを開業させた者です。オフィス街で昼食時には行列ができる店が多いこの街ならば、ランチで集客し、ディナーに人を呼び込むことができると考え、家賃は少々高めでしたがここに店を構えることに決めました。

 その高めの家賃故に、内装工事などは短い期間に行わざるを得ず、開店ぎりぎりまでかかってしまいましたが、いい雰囲気のレストランに仕上がったと自負していました。

 オープニングキャンペーンの内容やチラシによる告知も徹底して行ったところ、オープン初日には正午を前に長い行列が出来るほどの盛況ぶり。

 ところが、調理スタッフ同士の連携が悪く、お客様を待たせる時間が長くなったり、ホールスタッフと調理スタッフの連携がうまくいかず、オーダーを間違えたり…と初日はさんざんな結果。あれほど並んでいたお客様も、半分くらいは待ちくたびれて帰ってしまったようでしたし、翌

日からは「あの店は料理が出てくるのに時間がかかるからランチに不向き」とよくない評判が立ってしまいました。

失敗のポイント

　内装工事期間であっても家賃はかかりますから、なるべく開店前の時間を短くしたい、という気持ちはよくわかります。小規模な店の場合、内装工事が開店直前までかかることもよくあります。

　こうなると、スタッフの開店前研修をする時間がなかったことが考えられます。この事例を見ると、研修さえしておけば防げた単純ミスが多いところが気になります。

　今回の失敗のポイントは、スタッフの開店前研修を怠ったことにつきると思います。

> **正しい処理**
>
> 開店前研修を外部の専門家に依頼する場合、その研修費は全額、損金に算入することができます。
>
> さらに、研修期間中にスタッフに支払った給与も全額、損金に算入できます。
>
> オープニングスタッフの働きぶりは、店の評価を決定づけるポイントになりがちですので、開店前研修の費用やスタッフの給与などはあらかじめ予算化しておくことが重要です。
>
> また、開店前研修の時間を取るために、内装工事の進捗状況なども見直すべきでした。

[ポイント解説]

　開業までにやることは盛りだくさんですが、実際は開業してからの時間のほうがずっと長いものです。長い店の人生(?!)の第一歩を決めるのが、オープニングスタッフの働きぶりです。

　オフィス街でこぎれいな店がオープンすると、人が集まりがちです(冷やかしや見物も含めて、ですが)。この事例のように、事前にオープニングキャンペーンの広告を出していたならば、なおさらかもしれません。開店当初のサービスレベルは多くの人がチェックする、極めて重要なポイント

になります。

　オフィス街の店の場合、お客様のランチタイムの時間はほぼ決まっています。フレキシブルに1時間、という会社もありますが、12時から13時までの1時間、と決められている会社もまだたくさんあります。オフィス街のランチタイムは時間との戦いです。その中で、オープニングスタッフだからといってモタモタした対応をしていたならば、評判はがた落ちです。経営者が思うほど、お客様は甘くはありません。

　オープニングスタッフの研修には、できれば1週間程度、最低でも3日間はかけておきたいところです。出来る限り、お客様が来る店に近い状態でシミュレーションを繰り返すことが重要です。段ボールが片付いていない中で研修、ということのないように、事前にきちんと片付けておいてください。

　飲食店スタッフの研修を専門に行う業者もありますので、相談してみるのも一つの方法かもしれません。

　また店側としてぜひ心がけてもらいたいことは、研修期間中のスタッフにきちんと給与を支給すること。無給だと仕事として真剣に取り組んでもらえない可能性が高いからです。(中には「ただ働きさせられた！」と辞めてしまう人もいます)研修の本気度を上げるためにも、スタッフには給与を支給するようにしてください。

　事前研修にまつわる研修費やスタッフ給与は全額、設立第1期の損金に算入できます。

事例 07

経営者がおさえるべき財務諸表の基本

　4ヶ月前から日本料理店を営むAと申します。一流ホテルや料亭などで職人として腕を磨き、このたび独立をして自分の店を持つことになりました。

　税理士などのアドバイスに従い、何とか開業までこぎつけ、おかげさまですでに常連客がつくなど、順調に事業を進めています。

　店はいつも盛況で板場（調理場）にも活気があり、この調子ならば初年度から黒字決算が達成できるかも、と思っていました。

　決算を迎えて税理士から「創業第1期は設備などの償却費が大きいですから、やむを得ませんけれども決算は赤字ですね」と言われました。

　お恥ずかしい話ですが、私は全く会計の知識がなく、財務諸表を見てもただ数字が並んでいるだけで、何を見て赤字なのかが全く理解できませんでした。来年以降も、わけのわからない数字の羅列を見て赤字だ黒字だと言われても理解できない、と感じました。

失敗のポイント

飲食店経営者の仕事は店の味を守ることだけではありません。店を長く続けるために「経営」していくことも大事な仕事です。儲かっているつもりなのに赤字だった、ということ、実はよくある話です。大事なことは、財務諸表を見て、なぜ赤字だったのかを読み解いていくことです。そのためにも、経営者は細かい簿記の実務は知らなくても問題ありませんが、最低限の会計の基礎知識は持っておくことが重要です。

ちなみに今回の決算では、赤字の原因が償却費ということですので、業績が悪いわけではなさそうですね。

正しい処理

貸借対照表（たいしゃくたいしょうひょう・B/S）、損益計算書（そんえきけいさんしょ・P/L）に並んでいる数字が何を示しているのか、大体のことを把握しておくことで少しずつ会計に慣れていくと良いでしょう。

1．貸借対照表（たいしゃくたいしょうひょう＝B/S）

資産の部	負債の部
流動資産 　　現預金 　　売掛金 　　⋮	流動負債 　　買掛金 　　短期借入金 　　預かり金 　　⋮
固定資産 　　建物 　　什器備品 　　⋮ 　　権利金 　　⋮	純資産の部
繰延資産 　　創業費 　　開業費 　　⋮	資本金 　⋮ 当期純利益 ←P/L当期 　　　　　　　純利益より
資産の部合計　3,000	負債及び純資産の部合計　3,000

　左側にのっているのが資産、右側にのっているのが負債と資本です。資産＝負債＋資本（総資本）という式が必ず成り立ちます。

2．損益計算書（そんえきけいさんしょ＝P/L）

科目	金額（▲）	金額（＋）	利害関係者
売上高		1,000	顧客
売上原価	300		仕入れ先
売上総利益（粗利）	**売上高ー売上原価**	**700**	
販売費及び一般管理費（販管費）	150		会社自身、従業員
営業利益	**粗利ー販管費**	**550**	
営業外収益		20	
営業外費用		50	債権者
経常利益（ケイツネ）	**営業利益＋営業外収益 ー営業外費用**	**520**	
特別利益		10	
特別損失		20	
税引き前当期利益	**ケイツネ＋特別利益 ー特別損失**	**510**	
法人税等	200		国など
当期純利益	**税引き前当期利益 ー法人税等**	**310**	**→会社に残る** （B/S純資産の部へ）

売上高から様々な費用を引いて、最終的に会社に残る（＝会社がどのように使うか決められる）利益を算出します。

〈事例07〉経営者がおさえるべき財務諸表の基本

[ポイント解説]

1. 貸借対照表（たいしゃくたいしょうひょう）

貸借対照表は、「会社が事業資金をどうやって集めて（総資本＝右側）、どのような形で保有をしているか（資産＝左側）を表すもの」です。

おおざっぱな例を挙げると、事業資金は自己資金（資本金）や借金（借入金）、あるいは一時的に仕入代金をツケにしてもらっている（買掛金）などの形で集めていることを示しているのが貸借対照表の右側（貸方＝かしかた）です。自己資金のうち、借金のように返済しなければいけないものを負債といい、自己資金部分と会社の利益をあわせたものを資本といいます。さらに、集めた事業資金を、現金や預金、あるいは建物や設備などの形で保有していることを示しているのが貸借対照表の左側（借方＝かりかた）です。

つまり、貸借対照表では、会社の持っている財産（左側を見る）や借金、自己資金（右側を見る）を読み取ることができます。

たとえば、資本は負債とは違って返さなくてもよいお金なので、自己資本の比率（資本÷総資本）が高いほど健全な経営をしているといえる、といった見方をします。

資産は1年以内に現金化できるものが流動資産、長期にわたり持つ資産が固定資産だ、と理解していただければ結構です。

最後の繰延資産だけは少し特殊なものです。たとえば飲食店の場合、起業したときにかかった費用の一部は一気に費用にできず、数年間にわたって徐々に費用化（＝償却、といいます）していきます。繰延資産とは、将来にわたって償却する起業時の費用の残額のようなもの、と考えて下さい。（ちなみに創業費は会社設立より前に支出した登記費用など、開業費は会社設立以後開業までにかかった費用の一部をいいます）

負債は、返済の時期が1年以内であるものが流動負債、1年を超えるものが固定負債、と理解して下さい。

2.損益計算書（そんえきけいさんしょ）

損益計算書は、「1事業年度の経営成績（もうけ具合）を示すものです。損益計算書からは、会社が稼いだ金額（＝利益）や稼ぐためにかかった費用、稼ぎは本業からなのか、副業からなのか、あるいはたまたまなのか、という点まで把握できます。

売上高とは、売上などの業務収入の金額です。企業規模を示すのに売上高●千万円の会社、なんて言い方をしますね。売上高は営業収益と言うこともあります。

売上総利益とは、売上高から、売上原価（仕入れなどの費用）を差し引いたおおざっぱな利益のことを言います。（売上高-売上原価）粗利益（あらりえき、略して粗利＝あらり）とも言われます。

営業利益とは、売上総利益（粗利）から給料や家賃、通信費、交際費など、会社を維持したり、売上を上げるために使った経費を差し引いた額です。（売上総利益-販売費・一般管理費）

つまり、営業利益とは「本業で得られた利益」を示します。（ちなみに販売費とは、営業マンの給料や広告宣伝費など、営業活動に直接かかる経費のこと、一般管理費とは役員や事務職員の人件費や家賃など、営業活動には直接関係がない経費のことを言います。ただし飲食業の場合、販売費と一般管理費を厳密に分けることは、あまりありません）

経常利益とは、営業利益に配当や利息など本業以外の収支（営業外収益・営業外費用）を加減した金額を言います。本業以外の利益を含めた「会社の日常的な利益」を示します。よく「ケイツネ」という言葉で示されるのが、経常利益です。

税引き前当期利益とは、経常利益に、土地の売却益や災害による建物や備品などへの損害、退職金支払いなどの特別な理由による収支を加減した利益です。特別利益や特別損失は「たまたま」発生した利益や損失、と考えて下さい。税引き前当期利益は特別利益・特別損失が大きい場合に大きく変動する利益です。

　最後の当期利益（純利益）とは、税引き前当期利益から、税金を支払った残りをいいます。（税引き前当期利益-税金）よく「純利益」という言い方をします。この利益は、仕入れ先や従業員、銀行、国など、払う人全員に払った後手元に残ったものですから、会社が一定の条件のもと、自由に使い道を考えて良い利益と考えて下さい。

　当期純利益として手元に残ったものは、会社が新しい資産や仕入れをする源泉として、使うことになります。もちろん、利益は誰にも返す必要がありませんから、純資産の部に入ります。利益が毎年出ている会社であれば、基本的には純資産の部が当期利益分だけ増えていく、ということになります。

column

帳票類は整理して保存すべし！

　青色申告をするために必要な帳簿。この帳簿は、領収書や請求書等の帳票類をもとに作成します。この帳票類、できるだけ整理して保存することをオススメします。

　帳票類はいわば、帳簿を作るための元資料。表に出すものではないし、自分（や税理士など）がわかればいいのでは?!と思われていませんか？

　実は、税務調査でプラスに働くことが多いように思うからです（中小の店では、特に）。

　税務調査官も人間ですから、きちんと整理された帳票をもとに税務調査をするのと、どこに何があるのかわからないような帳票を見せられるのとでは、印象（イライラ度）がガラリと変わります。

　さらに、整理された帳票をチェックしている調査官に、税理士が「この規模の店でこれだけ帳票をきちんと管理している店ってあまりないでしょう？」なんてささやいたりするわけです（笑）。

　帳票の整理は、日頃の経理処理に役立つだけでなく、税務調査にも思わぬ力を発揮しますよ。

事例08

店にかかる税金とは？

　イタリアンのレストランを開店したAと申します。「法人を設立すれば、自分の給与をもらえる」という話を聞いたため、最初から法人を設立しました。決算日は12月末日です。

　設立初年度は期間も短く、店の存在をアピールすることで精一杯で常連客がつき始めたのが忘年会シーズンに入ってからだったので、大幅な赤字決算となりました。利益が出なければ法人税は支払わなくて済みますし、消費税は設立して2年は免税、と聞いていましたので、当分は税金のことは考えなくてよいと思っていました。

　法人税の申告書作成のために税理士を訪ねたところ、「確かに国税の法人税は課税されませんが、法人住民税の均等割は利益の有無にかかわらず必ず課税されますよ。それから、Aさんのレストランにあるピザ用の石窯200万円と業務用冷蔵庫80万円には償却資産税が課税されます。」との指摘を受けました。予想外の税金がかかったため、苦しい資金繰りにも影響が出てしまいました。

失敗のポイント

　法人を設立したとき、まず意識する税金と言えば法人税、そして消費税だと思います。このうち、消費税は資本金1,000万円未満の一定の法人であれば、基本的に第2期まで免税となるため、頭の中は法人税で一杯に、という方もいらっしゃるかもしれませんね。

　法人にかかる税金は法人税だけではありません。利益額ではなく、資本金等の額と従業員数により一定金額が課税される法人住民税の均等割や、購入時の価格が1台10万円以上の什器備品など（償却資産）に課税される償却資産税などは、見落とされがちな税金です。特に、Aさんのように特別な厨房設備がある場合は予想以上に多額の償却資産税が課される可能性がありますので十分な注意が必要でした。

> **正しい処理**
>
> 法人にかかる税金を正しく理解することが第一歩になります。通常、以下のような税金を考えておかなくてはいけません。
>
> 1．法人税（国税）
> 2．法人事業税（地方税）
> 3．法人住民税（地方税）
> 4．消費税（国税、地方税）
> 5．償却資産税（地方税）
> 6．固定資産税（地方税）
> 7．自動車税、軽自動車税（地方税）
> 8．印紙税（国税）
>
> 各税金について、どのように課税されるのかを大枠で捉えておくと、どのような税金がどのタイミングで課税されるのかがわかります。

［ポイント解説］

法人にかかる主な税金とその計算ロジックを簡単にご説明いたします。

1．法人税（国税）

法人の所得に対して課税する、代表的な国税です。法人税の計算方法をおおざっぱに言うと、まず会計上の利益に法人税法で定められた項目を加

減して課税所得を算出します。次にこの課税所得に対して税率をかけて、法人税額を算出します。

法人税の話をするとよく出てくるのが「損金に算入されない（損金不算入）」や「益金に算入する（益金算入）」と言った言葉です。益金、損金とは、おおざっぱに「法人税における収益、費用」といったイメージと捉えて下さい。実際に、会計上の収益と法人税法上の益金、費用と損金は同じところがたくさんあります。

ただし、「会計上は費用だけど、法人税法上は損金として認めないもの」（これが「損金不算入」です）、「会計上は収益ではないけれど、法人税の課税所得の計算をする上では益金としてカウントするもの」（これが「益金算入」です）などについて、法人税の申告書上で調整計算をします。たとえば交際費は代表的な「損金不算入」項目です。（資本金1億円以下の法人は600万円まで9割算入）

法人税額計算のしくみ

P/Lの計算	会計上の収益	1,000
	会計上の費用	600
	当期利益	400
法人税申告書の計算	損金不算入－交際費（＋）	＋50
	損金算入－()	30
	益金不算入－()	20
	益金算入－（＋）	＋10
	法人税の課税所得	410

2．法人事業税（地方税）

法人事業税も、法人税と同じように、会計上の利益に対して法律に定められた項目を加減して課税所得を計算し、税率をかけて納税額を決める税

金になります。(なお、資本金が1億円超の法人については、通常の事業税とは税額計算が異なる外形標準課税の適用があります。)

3. 法人住民税（地方税）※東京都（23区）の場合

法人住民税は、法人税額の17.3％に加えて、資本金等の額と従業員数に応じて定められた最低額（均等割）が課税されます。

法人税額がゼロの場合でも、均等割は必ず課税されます。

法人税の税率

	現行制度		改正案	
		年800万円以下		年800万円以下
普通法人	30％		25.5％	
中小法人	30％	22％(18％)	25.5％	19％(15％)

※ 中小法人とは普通法人のうち、各事業年度終了の時において資本金の額もしくは出資金の額が1億円以下であるもの又は資本もしくは出資を有しないもの（相互会社等、相互会社等の100％子法人及び資本金の額もしくは出資金額が5億円以上の法人の100％子法人を除く）をいいます。
※ カッコ内は租税特別措置法による軽減税率です。
※ 平成23年度の改正は見送られましたが、今後の動向にも注意が必要です。

法人事業税、法人住民税の税率

法人事業税（注1）			法人住民税（注3）
所得税	年400万円以下の所得	2.7％ (2.96％)	法人税額×17.3％ (20.7％)＋均等割
	年400万円超 800万円以下の所得	4％ (4.365％)	
	年800万円超の所得	5.3％ (5.78％)	
地方法人 特別税	基準法人所得割額（注2） ×税率	81％	

注1　①所得割欄のカッコ内の税率は超過税率になります。
　　　　　資本金が１億円以上の法人など、一定の法人の場合には超過税率が適用されます。
　　　②資本金が1,000万円以上で、事務所等がある都道府県の数が３以上の法人の場合には一律5.3％が適用されます。

注2　基準法人所得割額とは、標準税率により計算した法人事業税の所得割額のことです。

注3　①法人住民税欄のカッコ内の税率は超過税率になります。
　　　　　資本金が１億円以上の法人など、一定の法人の場合には超過税率が適用されます。
　　　②均等割は所得が出ていない場合でも課税されるもので、資本金等の額と従業員数に応じて決められています。

4．消費税（国税、地方税）

　年商が1,000万円を超えた２期（２年）後から申告。資本金1,000万円未満の法人は創業１期目と２期目は免税事業者となります。（注１）

　消費税の計算方法は、お客から受け取った消費税と、業者などに支払った消費税の差額が納税額となります。（これを原則課税といいます。）

　ここで注意したいことは、人件費は消費税がかからない取引であるため、飲食業のように人件費割合が比較的高い業種では、決算が赤字でも消費税の納税は発生することが多い、ということです。金額も大きくなりがちですので、十分な注意が必要です。

赤字でも消費税は発生する！

	税抜き金額	消費税額
売上高	1,000	50
費用－仕入高	400	20
費用－人件費	700	0
利益	▲100	30 ←消費税額

※一定の小規模な法人の場合、実際の課税仕入れから消費税を計算するのではなく、売上にかかる消費税に一定割合（みなし仕入率）を乗じて計算した額を仕入れにかかる消費税額とみなし消費税額を計算する「簡易課税制度」を選択することができます。

5. 償却資産税（地方税）

購入時の価格が1台10万円以上の厨房機器や、テーブル、椅子などの家具類、備品類などの「償却資産」（※一括償却資産は除きます。）にかかる税金です。店内の償却資産の価格合計が150万円以下の場合には税金はかかりません。この事例の場合、ピザを焼く石窯が200万円と、すでに150万円を超えているため、償却資産税が課税されることになります。

6. 固定資産税（地方税）

所有している不動産（土地・家屋）にかかる税金です。店舗が賃貸ならばかかりません。固定資産税は、「固定資産課税台帳に登録された不動産の価格×1.4％で計算します。

7. 自動車税、軽自動車税（地方税）

自動車税や軽自動車税が課税されます。税額は車両の排気量などによって変わります。納期は一般的に5月末日です。宅配専門店などでたくさんの自動車がある場合には注意が必要です。

8. 印紙税（国税）

領収書を発行する際にかかる税金です。領収書の記載金額が3万円未満なら不要ですが、3万円以上なら200円分の収入印紙を貼って納税することになります。（3万円以上100万円未満の場合）

飲食店の場合、領収書を発行する機会が多いため、200円の収入印紙は

ある程度ストックしておくことをおすすめします。

もうワンポイント ▶▶▶ **個人事業主にかかる税金**

　個人事業主の場合、消費税、償却資産税、固定資産税、自動車税、軽自動車税、印紙税については法人と同様の扱いとなります。違いは法人税、法人事業税、法人住民税の代わりに、所得税、個人事業税、住民税がかかる点です。

　所得税は、法人税と同じように、会計上の利益から法律で定められた項目（基礎控除、扶養控除、社会保険料、医療費など）を差し引いた課税所得に対して課税されます。

　所得税の額を税務署に申告し、納税する手続きが「確定申告」です。申告の対象となる期間は毎年1月1日〜12月31日、確定申告の期間は、原則として毎年2月16日〜3月15日です。

　個人事業税、住民税の考え方は、法人とほぼ同じです。

(注1) 平成23年度の税制改正により、第2事業年度であっても消費税が免税にならない場合がありますので注意して下さい。
　　改正内容については、事例5の「ポイント解説」の末尾をご覧になって下さい。

事例 09

融資を断られた事業計画

　開業するにあたり、自己資金だけでは足りないため、ベンチャー企業に対する融資や育成事業を行っている知人から融資を受けたいと思いました。

　知人に相談をしたところ、事業計画書を出すように言われたため、以下のような事業計画書を提出したところ、

　「申し訳ないのだが、このような事業計画ではあまりにも大雑把すぎて融資することはできない」と言われました。

　何が問題だったのでしょうか？

●提出した事業計画書の一部（中期見積損益計画）

（単位：万円）

	第1期	第2期	第3期
売上高①	1,000	1,320	1,560
売上原価②	300	396	468
売上総利益（粗利）①－②＝③	700	924	1,092
販売費及び一般管理費（⑤～⑦合計）④	700	744	744
地代家賃⑤	120	144	144
人件費⑥	250	300	300
その他経費⑦	330	300	300
利益③－④	0	180	348

①売上高は、第1期は平均月100万円、第2期は平均月110万円、第3期は平均月130万円とする。（第1期は10ヶ月）
②原価率は各事業年度とも30％とする。
⑤家賃は月額12万円
⑥人件費は月額25万円
⑦その他経費は別途計算表（事例では省略します）の積み上げにより計算。

〈事例09〉融資を断られた事業計画

失敗のポイント

　その他経費の見積もりもできており、一見きちんとした事業計画書のように思えますが、一番の問題点は売上高の根拠がはっきりしないことです。

　また、売上が増加するにもかかわらず、人件費が横ばいであることもやや不自然な感が否めません。状況に応じたシミュレーションが不十分だったことに加え、月100万円とした売上高の根拠を明示できなかったことが、今回の失敗のポイントです。

正しい処理

　飲食店の場合、売上高の根拠を示すためには次のような数値について考えなくてはいけません。

$$\boxed{\begin{array}{c}(1)\\座席数\end{array}} \times \boxed{\begin{array}{c}(2)\\回転数\end{array}} \times \boxed{\begin{array}{c}(3)\\客単価\end{array}} = \boxed{売上高}$$

　ランチタイムとディナータイムがある場合はそれぞれの時間帯につき、回転数と客単価を設定します。(特に区別がない場合は、忙しい時間帯とそうでない時間帯に分けて

回転数と客単価を設定します）

　さらに、これらのことをなるべくリアルにシミュレーションしながら考えることも重要です。

　たとえば、座席数が３０席だとしても、お客様は１人でいらっしゃる方もいれば４人、５人でいらっしゃる方もいるため、相席などを求めない限り、完全に満席にすることは難しいはずです。実際に稼働する座席数がどのくらいなのかを考えて下さい。

　回転数は、お客様が来店し、オーダーを取り、調理をして料理を提供し、お客様に召し上がっていただき、お客様が帰った後次のお客様向けにテーブルの片付けをするまでの時間をシミュレーションしながら設定することが重要です。

　客単価の基本的な考え方は、座席数が少なく、お客様が長くくつろぐようなお店の場合、客単価は高く設定しなければ採算が取れませんし、座席数が多く、お客様も食べたらすぐお会計に、といったタイプの店ならば客単価が低くても商売が成り立つ、といった感じです。

　これらを考慮して、どこがどのように変わって２年目以降売上高が上がっていくのかを示さなければなりません。

　たとえば回転率が上がるのだとしたら、その理由は何か。もしその理由がホールスタッフや調理スタッフの増員であるならば、増員分の人件費を事業計画に反映させる必要があります。

[ポイント解説]

事業計画書には、予測損益計算書だけではなく、以下のようなことが求められます。

(1) 事業内容

①事業概要

簡潔にまとめることがポイントです。

②事業内容の詳細

ターゲット市場、販売方法、セールスポイントなど。

③創業者のプロフィール

創業者の職歴、そこで何をしたのか、何を達成したのか、など。

④創業の動機・経緯

なぜ創業に至ったのか、の動機と経緯。創業の強い思いが伝わるよう、かつ簡潔にまとめることがポイントです。

⑤経営理念・方針・ビジョン

どのような会社にしたいのか、経営者の思い、行動指針など。経営理念は今後、企業経営をする中で極めて重要です。

⑥外部環境分析（ターゲット市場の動向、競合状況）

どのような場所でどのような顧客がいるのか、といった市場調査や、ライバル店の状況など。

⑦自身の強み

経験、スキル、人脈など、事業を起こす時、一番大切な要素です。

⑧今後必要な資源

今後必要となるヒト、モノ、情報・技術や、入手する方法と計画など。自社の弱みを把握し、その補強方法について考えます。

(2) 開業資金計画

　開業時の資金計画で一番大切な部分です。資金がどうしても不足する場合は、事業の大きさを見直す（必要資金を削る）または資金調達の方法や金額を見直すといったことが必要になります。

①必要資金

　　　設備資金（敷金・保証金・内装工事代）、必要器具、開店時経費（初回仕入れ代、広告宣伝費）、開店後の運転資金（3ヶ月程度）…といったものが考えられます。

②調達方法

　　　金融機関からの借入、親戚・友人からの借入、自己資本、その他などが考えられます。

(3) 見積損益計算書

　創業後1年間の会社の状況（短期予測）と創業から5年程度の会社の状況（中期予測）の2種類があります。

　どちらにも必要なことは、売上高、売上原価、売上総利益、販売管理費（人件費、地代・家賃、支払利息、減価償却費、その他経費）、営業利益、営業外収支、経常利益、法人税等、当期利益などが必要です。

　いずれも、予測売上高を求めるようになるべくリアルにシミュレーションしながら考えることが重要です。

(4) 人員計画

　社員、パートなどを雇う場合の人員計画です。これも、実際の店舗運営をシミュレーションしながら、どんな人を何人、どういう形態で雇うのかを考えてください。

(5) 実行計画

　事業を始める為の個別の準備スケジュールです。

　家族など協力者の理解と説得、事業計画書の作成、資金調達方法の検討、支援施策の検討と申し込み、金融期間との調整、仕入先の確定、人材確保、会社設立、事務所の開設備品の調達など、これらをいつ位に済ませるのかを考えます。

　これもシミュレーションが欠かせません。意外なところで意外な費用や出費が必要になる、といったことがわかるかと思います。

　このように考えると、事業計画書とは必ずしも出資や融資を受けるためだけに作るのではない、ということがおわかりになりますか？

　事業計画を考えることは、店舗経営をリアルにシミュレーションすることに繋がります。ですから自ずと店をはじめるに当たっての目標や課題が明確になってくるのです。

　たとえば、売上高を厳密にシミュレーションするだけでも、様々な店舗運営上の課題が見えてきます。

　座席数を細かく考えていけば、なるべく座席数いっぱいにお客様を案内できるよう、カウンターに置く座席数やテーブルの配置（小さなテーブルを2つあわせて4人掛けの席として使えるけれど、場合によっては2人掛け×2グループに使えるようにする、など）を考えて家具類の発注ができます。

　またホールスタッフの人数や効果的な動線を考え、オープニングスタッフ研修に活かすこともできます。調理時間を短くするための工夫が必要になるかもしれません。

　場合によっては、客単価を見直ししなければいけないこともあるかもしれません。ライバル店とのかねあいから客単価を上げられないならば、座席数か回転率を上げるための手段を講じなければいけませんよね。

　このように、事業計画書を作ることは、経営者自身のためにも大変に有

意義なことなのです。

事例10

店舗を賃貸する場合に発生する諸経費の処理

　私は法人を設立し、居酒屋を経営しています。独立開業する前は、大手フランチャイズチェーンの居酒屋で働いており、飲食店で成功するための1つの要素である店舗の立地条件についての知識は持っておりました。

　そして、条件に見合った物件が見つかったら思い切って独立開業しようと思っていたところ、丁度よい物件が見つかったので物件のオーナーとテナント契約を結び、独立開業することにしました。

　支払った金額の内訳は、仲介業者に仲介手数料として20万円、物件のオーナーに敷金500万円（退去時に支払金額の20％を償却する条件になっていました）、礼金30万円の合計550万円です。（なお、契約期間は3年で、次回の更新時に更新料を支払うかどうかは契約書には明確に規定されていませんでした）

　会計については少し知識がありましたが、決算

が近づくにつれ、税務申告についてはやはり税理士にお願いしようと思い、顧問税理士に今までの経理内容を確認してもらったところ、

「敷金の退去時における20％の償却額である100万円と礼金30万円については長期に渡って費用化していくことは可能だが、一度に費用にすることは出来ない」と指摘を受けました。

この結果、予期していなかった納税が発生し、翌期のために貯蓄していた設備投資資金を取り崩さなければならなくなりました。

失敗のポイント ✗

　店舗の賃貸借契約書の敷金に関する条項には「敷金については退去時に20％を償却して返還する」といった定めがあるケースは、よく見られるものです。

　これは、預けた敷金のうち20％部分（100万円部分）については契約した時点において既に返還されないことが確定するので、その時の費用（一時の費用）と捉えてしまったことが失敗の原因だと思われます。

　また礼金についても、その歴史からすると物件を貸してくれたことに対する一種の謝礼金的な意味合いがあることから、その支払時の費用として捉えてしまうことが多いのかもしれません。

　仲介手数料については、その支払時に一時の費用とすることができます。

正しい処理

この事例のように、長期に渡って費用化し、その支出時に一時の費用と出来ないものを繰延資産といいます。繰延資産には創立費、開業費などの通常の繰延資産以外にも法人税法で独自に規定されている繰延資産（税法上の繰延資産といいます）があります。

税法上の繰延資産は長期にわたって費用化することになりますが、これは自動車などの固定資産の減価償却と同じようなイメージになります。税法上の繰延資産は法人税法でその取扱いが明確に規定されており、それらの規定に従って処理することになります。

事例の敷金の償却費や礼金は税法上の繰延資産（建物を賃借する場合の権利金等）に該当するため、法人税法の規定に従って処理することになります。

［ポイント解説］

　法人税法上、敷金の償却費や礼金などの建物を賃借するために支出する権利金等は以下のように規定されています。

繰延資産の種類	細目	償却期間
建物を賃借するために支出する権利金等	（1）建物の新築に際しその所有者に対して支払った権利金等で当該権利金等の額が当該建物の賃借部分の建築費の大部分に該当し、かつ、実際上にその建物の存続期間中賃借できる状況にあると認められるものである場合	その建物の耐用年数の70％に相当する年数
	（2）建物の賃借に際して支払った（1）以外の権利金等で、契約、慣習等によってその明け渡しに際して借家権として転売できることになっているものである場合	その建物の賃借後の見積残存耐用年数の70％に相当する年数
	（3）（1）及び（2）以外の権利金等の場合	5年（契約による賃借期間が5年未満である場合において、契約の更新に際して再び権利金等の支払を要することが明らかであるときは、その賃借期間）

　この事例のような敷金の償却費や礼金については細目（3）の規定に従い償却することになります。

　償却期間の箇所のカッコ書き部分は、例えば賃借期間が3年でかつ更新に際して、更新料を支払う契約になっていた場合には礼金、敷金の償却金額については3年（36ヶ月）で費用化するといったことを規定しています。本事例においては次回の更新時に更新料を支払うことが明確に定められていなかったので5年（60ヶ月）で費用化することになります。

MEMO

事例 11

経営者がおさえるべき管理会計の指標

　うどん店を開業して3回目の決算を迎えたAと申します。過去2回の決算の説明を受けて財務諸表や利益の意味などは少しずつ理解できるようになりました。

　当期の業績は極めて好調、従業員も忙しい中よく働いてくれましたので、従業員給与を倍近くに上げました。第1期から続く黒字決算を今年も続けて、来年は設備投資のための銀行借入もしたいな、と考えていたところで決算を迎えました。

　税理士からは「売上高は好調でしたが、従業員給与を無計画に上げたので、今期は初めての赤字決算ですね」と言われました。

　従業員の苦労には報いたかったのですが、どの程度のベースアップが適当だったのか、今でも悩んでいます。

失敗のポイント

業績が好調で従業員も忙しく働いていたならば、思い切って従業員の給与をベースアップしたくなるお気持ちはよくわかります。しかし、いくら業績好調とはいえ、利益は無尽蔵にあるわけではありません。自社の業績にあわせたベースアップをすべきでした。

Ａさんは、できあがった財務諸表を読み解く「財務会計」については理解を深めつつあったようですが、経営の意思決定を行う「管理会計」の理解が不十分だったようで、これが今回の失敗のポイントになります。

正しい処理

給与のベースアップを考える場合は、管理会計の考え方のもと、損益分岐点を参考に、いくらまでベースアップが可能かを計算することが通常です。

ちなみに、Aさんの第3期財務諸表は次の通りでした。

（第3期　財務諸表）	単位:万円
売上高	2,000
売上原価（仕入高）	550
粗利	1,450
販売費及び一般管理費	1,520
人件費（給与）	600
支払家賃	500
水道光熱費	200
備品消耗品費	50
その他経費	170
営業利益（損失）	▲70
税引き前当期利益	▲70

逆算すると、人件費は530万円以内であれば営業利益、税引き前当期利益ともにマイナスにはならなかったことがわかります。

[ポイント解説]

　できあがった財務諸表を読み解くことは、過去の会社の経営成績を振り返るためのものです。読み解いた結果をこれからの経営に活かすためには、「管理会計」の手法を用いるとよいでしょう。

　「管理会計」とは、経営者などが社内での業績評価や経営状態の把握、経営計画策定、価格決定などの様々な意思決定を行うための会計です。会社経営の意思決定に役立つ形であること以外の決まり事はなく、管理方法や手法も会社や業種によって若干の違いがあります。(これに対して、外部に報告するための財務諸表を作成するための会計を「財務会計」といいます。外部報告用ですから、決められたルールに従って作成しなければいけません。いわゆる「会計」というと、財務会計を示すことが多いかもしれませんね)

　財務会計ですら難しかったのに…と思う必要は全くありません。むしろ「財務会計はあまりよくわからないけれど、管理会計はシンプルでわかりやすい」という経営者がたくさんいらっしゃいます。(といっても、財務会計の考え方は会計の基本ですから、おおざっぱに理解しておくことは重要です!)

　今回は、基本的な管理会計の手法を解説します。

1．損益分岐点とは

　料理を販売し、売上を上げると、その売上から様々な費用を引いて利益が出るわけですが、費用の中には、仕入や備品消耗品のように、お客様が増えて売上が上がると比例して金額が上がっていくものと、家賃、水道光熱費、人件費、借入金利息などのように売上とは関係なくかかる費用もあります。

売上に比例して変動する費用を「変動費」、売上とは無関係に固定的にかかる費用を「固定費」と言います。(割り箸やおしぼりなどはロットで買うことが多いので、固定費に近い扱いになることが多いのですが、ここでは変動費とします)。財務会計のように誰に対する支払いか、などを考える必要はありません。

　次に示すのは、Aさんの第3期財務諸表を固定費と変動費に分けたものです。

	売上高	2,000
変動費	売上原価（仕入高）	550
	備品消耗品費	50
変動費　計(1)		600
売上高－変動費(2)		1,400
固定費	人件費（給与）	600
	支払家賃	500
	水道光熱費	200
	その他経費	170
固定費　計(3)		1,470
税引き前当期利益(2)－(3)		▲70

　Aさんの店の場合、固定費（人件費、支払家賃、水道光熱費、その他経費）が1,470万円です。つまり、売上高から変動費を引いた値が1,470万円だったならば、この期の利益はトントン（プラスマイナス0）になる、ということです。

　Aさんの店の変動費率（売上高に占める変動費の割合）は

> 600万円 ÷ 2000万円 × 100 ＝ 30％

です。つまり、Aさんの店の固定費の割合は100%-30%＝70%となります。そこで、1,470万円が売上高の70%になるような売上高を求めると、

$$1,470万円 \div 70\% = 2,100万円$$

となります。つまり、Aさんの店では2,100万円以上の売上があれば、店が黒字になることがわかります。この2,100万円が、Aさんの店の損益分岐点、ということになります。

「損益分岐点以上に売れればそれ以上は粗利分が利益になる」というシンプルな把握方法ですから、経営者の方にとってはとてもわかりやすいのではないでしょうか。

2．Aさんは給与をいくらにすべきだったのか

損益分岐点の考え方を理解すると、人件費をいくらにすれば利益がトントンだったか、という計算もすぐに出来るようになります。
当期の売上高が2,000万円、固定費率が70%ですから、固定費として使える金額は1,400万円。

支払家賃、水道光熱費、その他経費といった人件費以外の固定費の合計は870万円。

ですから、人件費として使えるのは、

$$1400万円 － 870万円 ＝ 530万円$$

となります。

	売上高	2,000
変動費	売上原価(仕入高)	550
	備品消耗品費	50
変動費　計(1)		600
売上高−変動費(2)		1,400
固定費	人件費(給与)	530
	支払家賃	500
	水道光熱費	200
	その他経費	170
固定費　計(3)		1,400
税引き前当期利益(2)−(3)		0

　財務諸表は、単に経営の成績を見るだけでなく、活用のしかた一つで経営判断を下すためのツールにもなり得ます。この事例のように、利益が出たので従業員の給与をベースアップする場合や、ちょっとした修繕や消耗備品類のリニューアルをするのにどのくらいお金をかけられるかなどの判断にも役立ちます。

　できるだけタイムリーに経営判断を下すためには、財務諸表は年に1回ではなく、毎月確認(月次決算、と言います)する習慣をつけておくとさらに良いでしょう。

まとめ

［損益分岐点を算出する公式］
損益分岐点の売上高 ＝ 固定費 /｛1－(変動費÷売上高)｝

事例 12

原価率から料理単価を設定したのに赤字?!

　ステーキハウスを経営しているAと申します。開店にあたって、仕入原価率は35％と定め、仕入値に対して35％になるように料理単価も決定しました。

　当店の場合、競り市で直接、枝肉（牛をと場でと畜して皮をはぎ、頭部と内臓と肘（ひじ）から下の肢を切り離して左右に半分割された状態の骨付き肉）を購入しています。平均的な仕入価格は1kg 3,500円で、1人前は200gで提供していますから、1人前の原価は700円。メニューの価格は2,000円に設定しています。

　ところが実際に営業がはじまると、きちんと原価率を設定したはずなのに利益が出ません。経費をかけすぎているわけでもなく、何が問題だかわからないまま、当期は赤字決算を迎えそうです。

失敗のポイント

　飲食店の場合、仕入れた食材を100％使い切って調理をする機会はあまりないかと思います。野菜の皮や根、へたの部分、魚の骨の部分など、お客様に出す前に廃棄する箇所が出てくるものと思われます。

　また、使用食材の量がレシピより多い、仕入食材の腐敗や注文ミスによる食材の廃棄などのロスも発生しがちです。

　こうした事情から、飲食業では細かい原価計算を行うのが一般的ですが、Ａさんの場合は仕入原価だけを見て大まかに原価管理をしていた点が、今回の失敗のポイントです。

> **正しい処理**
>
> 　原価計算の手順として、まず以下の数値を算定し「理論上の原価」を算定します。
> (1) 標準歩留まり
> (2) 料理原価
> (3) 1人前の標準原価
> (可能ならば付け合わせ等の原価も加えた「メニューごとの原価率」も出しておくとなお良い)
> 　さらに、棚卸しを行った結果の棚卸原価と理論上の原価を比較し、ロスの率を把握し、いかにしてロス率を減らすかの工夫をこらすことも必要です。

［ポイント解説］

　飲食業の場合、仕入原価だけを使って原価管理をしたのでは正確に計算できません。調理段階で出てくる食材ロスを考慮し、仕入原価に上乗せした「理論上の原価」を用いて計算します。

　「理論上の原価」は次のようにして計算します。

(1) 標準歩留まりを出す

　標準歩留まりとは、調理加工し、お客様に提供できる状態になった原材料の重量の平均をいいます。

(2) 料理原価を算定

　Aさんの店で、もし仕入時10kgの枝肉（仕入原価1kg3,500円）の標準歩留まりが7kgであったとすると、料理原価は3,500円×（10kg÷7kg）で、1kg5,000円となります。

(3) 1人前の標準原価を算定

　料理原価を基に、ポーション当たりの原価を計算します。

　たとえば、ステーキのポーションサイズが200gとすると、1kgから5枚が取れます。

　料理原価は1kg5,000円なので、5,000円÷5枚＝1,000円がステーキ1人前の原価です。

　1人前の標準原価を計算するとき、一緒に付け合わせなどの原価を加えたメニューごとの原価率も出しておくとなお良いです。価格の高い肉類や魚介類、生鮮食品については、原価計算しておくことをオススメします。

　このように考えると、1kg3,500円の枝肉10kgで標準歩留まりが7kgだったとき、単純に仕入原価で計算すると1kgあたり3,500円（1人前200gで700円）の肉が実質的には1kgあたり5,000円（1人前200gで1,000円）であることがわかります。

　もし、1人前700円で原価率35％になるように価格設定をしていたとしたら、1人前の価格は2,000円。でも実質的な原価は1人前1,000円ですから、原価率はなんと50％になっていたわけです。これでは「利益が出ない！」というのも納得です。

　でも実は、メニューあたりの実際の原価を計算するだけでも原価管理は十分ではありません。

　原価管理は「正確な原価率」を把握することがポイントです。そのためには毎月末の棚卸しが重要です。

棚卸しに必要なデータは、

　A＝食材の前月残量と金額

　B＝当月仕入量と金額

　C＝当月残量と金額

　D＝当月使用量と金額

の4つで、A+B－C=Dで計算します。

　この当月使用金額（Dの金額）を売上高で割るとその月の実際の原価率が算出できる。これを「棚卸原価率」といいます。

　これを1人前の料理原価（できればメニューごとの原価）の合計を月間売上で割って得られる「理論上の原価率」と比べると、大抵棚卸原価率のほうが高くなるはずです。（理論上、使った食材等より、実際に使った食材等の量も金額も多い、ということですね）

　この違いが生まれる理由が「ロス」（ロス率）です。

　ロスが生じる原因は、様々です。最も大きな理由は食材等を仕入れすぎて腐敗等により廃棄せざるを得なくなること。この他にもオーダーの聞き違いなどで料理を破棄するといったフロアスタッフの問題や、食材をレシピより多めに使って調理してしまうといったキッチンスタッフの問題など様々です。

　ロスの多さはダイレクトに原価率を押し上げる原因になります。

　ロスを減らすには、食材の「先入れ先出し」（新しく仕入れた物を食品庫や冷蔵庫の奥に入れて、前からの在庫を手前に並べ、手前の物から使う方法）を実行する、オーダーミスをなくすことやレシピ通りの重量を守ることを徹底する…などの方法で防ぐことができます。

　原価管理をきちんと行えば、店舗経営で次にどんな手を打つべきなのかも見えてくるのです。

column

メニューは何品目くらいが適当か?

　メニューは、飲食店が提供する商品の主役。どんな料理を何種類用意するか、いくらで提供するかという商品構成は、その後の店の命運を左右する、重要なポイントです。

　できるだけメニュー数を多くしないと、お客様のニーズを満たせないと考えがちですが、数多くのメニューを取りそろえなければ儲からない、ということはありません。

　たとえば居酒屋の場合、メニュー数は60〜100程度が多いようです。「客単価2000〜2500円の場合で100品、同3000〜4000円の場合で60〜70品。客単価の高い店ほど、手間を掛けて調理するので、メニューを絞る傾向にある」(食育総研の新保克典エグゼクティブフードクリエーター)といいます。

　逆にアットホームなバル(居酒屋)のような雰囲気を大事にする店の場合、あえてメニュー表を作らず、仕入に応じたものを日替わりで作る「黒板メニュー方式」を採用するのも一つの戦略です。(その場合、1人あたりの単価目安が一定になるような価格設定をしてください)

　また、個々のメニューを開発する時は調理スタッフ任せにせず、経営者主導で進めることも重要です。調理スタッフに任せきりにすると、どうしても自分の作りたいものを優先しがちに。自分の店のコンセプトは何か、どんな客に来て欲しいのか、客単価と回転率はどの程度にしたいのか——などを総合的に考えて、メニューを決めてください。

事例 13

いつもレジの現金残高があわない

　居酒屋を経営しているAと申します。小さな店なので支払いは現金のみで行っています。客単価も数千円と低めなため、細かい現金のやりとりが多く、営業も深夜に及ぶため、定休日の前日にまとめて現金を数えているのですが、現金の実残高と帳簿上の残高をあわせるのに何時間もかかってしまいます。

　レジの中の現金が一定額を超えたならば丸い金額で銀行に入金していることと、仕入代金や経費の支払いをレジの現金から直接行っていること（仕入も現金取引のみのため）が原因ではないか、と思いますが、それを考慮してもやはり現金残高があわず、仕方がないので差額だけを把握しておりました。

　何とかしなければ、と思っていたところに税務調査が入り、帳簿残高と現金残高があわないことについていろいろな質問をされました。不正を行っているわけでは全くないのですが、的確な答えができず、かなり嫌な汗をかいてしまいました。

失敗のポイント

　現金商売の場合、手元の現金が豊富にあると仕入代金を現金で支払ってしまう方もいらっしゃるかもしれませんが、仕入代金や経費をレジから直接支払うことはできるだけ避けるべきです。

　現金は出し入れの記録をきちんとつけておかないと、後々の追跡が非常に難しくなります。Ａさんの場合、定休日前にまとめて現金管理をしている頻度の低さに加え、仕入代金のみならず、経費の支払いまで行っており、レジ現金の動きが大きすぎることが失敗のポイントです。

> **正しい処理**
>
> レジ現金については、毎日、レジの中には釣り銭分を残し、残りは銀行に預けて管理することが一般的です。現金売上は翌朝、全額銀行に入金するか、夜中のうちに夜間金庫に預けます。（夜間金庫を利用する場合は口座開設とは別の手続きと毎月の手数料が必要になります）
>
> また、どうしても現金でしか仕入ができない場合は、釣り銭とは別に現金（小口現金）を用意し、レジとは完全に分けて管理するとわかりやすくなります。

［ポイント解説］

1．レジの現金管理方法

レジの現金管理方法のポイントは大きく2点です。

> （1）毎日開店前には、レジの中には、釣り銭だけ入れておくようにする。
> （2）現金売上は翌朝、全額銀行に入金する。

　レジの中に釣り銭だけを入れておく際のポイントは、釣り銭を毎日一定額にしておくことです。
　これによって、次のような現金管理の法則が成り立ちます。

前日釣り銭額	一定額	
現金売上高（A）	レジ現金の増加高	＋
現金過不足（B）	レジシート＋釣り銭額と、実際のレジ残高の差額（釣り銭間違い等）	＋ −
銀行口座へ入金	A＋B（またはA－B）	
本日釣り銭額	一定額	－

これによって、釣り銭間違いなどがない限り、原則、

現金売上高 ＝ 銀行預金預け入れ高

になります。

これは毎日チェックすることが肝心です。現金過不足が出た場合には速やかに全従業員に対してそのことを伝え、緊張感を持って現金のやりとりをしてもらうよう引き締めをはかって下さい。また特定の従業員がレジを担当したときに現金過不足が出がちである、などの場合には、その従業員をレジ担当から外すなどの手配が必要になります。（十中八九、怪しい従業員がいる場合には、その従業員を呼び出して現金不足があることを伝える、ということも効果的です）

もし時間がなくて毎日銀行に行けない場合は、銀行への入金は数日に１回でもかまいません。ただし、通帳には、営業日毎の売上金が記帳されるように分けて入金してください。

通帳に記帳された金額は記録として残りますので、日々の売上高の推移をチェックすることができて便利です。また、時間が経った後に見てレジシートの金額と通帳の入金額が一致していれば正しく処理されていることもわかります。

多店舗展開を行っている場合は、店舗ごとに口座を作り管理することも

ポイントです。1つの口座に全店舗の売上をまとめるより、口座を店ごとに分けた方が好調店・不振店を見分ける上でも便利です。

2. 小口現金の管理

　どうしても現金で支払わざるを得ない仕入や、細かい経費の支払いのためのお金は、売上金や釣り銭などのレジ現金とは別に管理（小口現金として管理）するとわかりやすくなります。

　小口現金の法則は次の通りです。

前日小口現金残高		
本日補充高	銀行預金などから引き出し	＋
本日支払高	レシート、領収書の合計 （必ず保管する）	－
現金過不足	（釣り銭受け渡し時のミスなど）	＋ －
当日小口現金残高		

　小口現金から支払った仕入や経費のレシートや領収書は、必ず保管しておいて下さい。領収書等は日付ごとにノートなどに貼り付けておくことも管理上、効果的です。

　小口現金の管理は経営者自ら、もしくは信頼のおける従業員に限って管理するようにしてください。

　なお、仕入以外の少額の経費については、一度従業員に立て替えて支払ってもらい、1ヶ月毎に精算するスタイルでも構いません。

　その際には、各自で立て替え経費一覧表を作成してもらい、経費一覧表兼請求書として期限を決めて提出してもらい、給料と一緒に振り込みます。領収書は経費一覧表の裏や別紙に貼って提出してもらってください。

column

開業資金不足が思わぬセールスポイントに?!

　店の内装工事はその後の店の雰囲気を決める重要なポイントになります。当然、出来る限りお金をかけたいところですが資金には限りがありますので、妥協できるところで納得するしかありません。
　しかし、この妥協の産物のような内装が思わぬセールスポイントになった店があるのをご存じでしょうか？それは「喫茶室ルノアール」です。
　「喫茶室ルノアール」といえば、コーヒーが飲み終わるとお茶がサービスされる、ノートPCや携帯の充電用にコンセントを貸して下さい、と言えば（あきがあれば）貸してくれる…そして何より、座り心地の良い椅子にゆったりとした席の配置ゆえに、周りをあまり気にせず打ち合わせができる、といった理由から、昼間でもサラリーマンの利用客で賑わう喫茶店です。
　そのルノアールのゆったりとした座席配置には秘密があります。創業当時、「店内は高級感のある落ち着いた雰囲気」を目指しており、高級感のある調度品や家具をそろえていったところ、なんと資金が不足気味に！
　そこでやむを得ず、テーブルと椅子の間を広くとって家具の数の少なさをカバーして開店したのだとか。
　しかしいざ開店してみると、ゆったりとした座席配置が逆に落ち着いた雰囲気を演出し、お客様に大好評だったとか。「雑学王」という番組でそんなことを放送していました。
　開業資金が足りなくて思ったような内装ができない、といっても、知恵を働かせれば思わぬ効果が生まれるかもしれません?!

第2章
事務・経理一般編

日常的な経理・会計処理はまさに「失敗の宝庫」?!
もっと利益が出るはずだったのに、
本当は損にならないはずだったのに…。
社長や社長一族の給与から税務調査まで、
日常的に起きがちな失敗例を紹介します。

事例 14 青色事業専従者給与の適正額

　私は都内で飲食店を経営している者（個人事業者）です。

　店をオープンした当初は社員が1名いれば十分と思っておりましたが、次第にお客様が増えてきて忙しくなってきたこともあり、今年から妻にも店を手伝ってもらうことにしました。

　仕事の役割分担は、私が主に調理関係を担当し、社員と妻が主にホールを担当しています。店での2人の仕事内容及び勤務時間は、ほぼ同じような内容になっておりますが、妻には勤務時間後に家で帳簿もつけてもらっています。

　給与は社員が月給25万円で、妻には月給80万円を支給していました。妻に給与を支払うための税務上の手続き（青色事業専従者給与に関する届出）については適正に処理をし、届出書に記載した支給金額の上限については月給80万円としており、限度額を超えたことはありませんでした。

　年末が近づき、顧問税理士と打ち合わせをした時に今期の経営報告と併せて妻に対する給与につ

いても報告をしたところ、
　「社員の給与（月給25万円）と奥様の給与（月給80万円）との差額が大きすぎる。家で帳簿を付けている作業を勘案しても、税務署から『80万円は高すぎる』と指摘されるかもしれない」と言われました。

> **失敗のポイント** ✕
>
> 　個人事業者（青色申告者）が「青色事業専従者給与に関する届出書」に記載されている方法に従って、その記載されている金額の範囲内において青色事業専従者（本事例では妻になります）に支払った給与のうち、その労務に従事した期間、その事業に従事する他の使用人が支払を受ける給与の状況、その事業の種類及び規模などから勘案してその労務の対価として相当であると認められるものについては必要経費に算入することが出来ますが、その金額を超える部分については必要経費に算入出来ない可能性があるという認識がなかったことが失敗のポイントとして挙げられます。
>
> 　「青色事業専従者給与に関する届出書」に記載した金額の範囲内であっても、その支払った給与の全てが必要経費になる訳ではありませんので注意が必要です。

〈事例14〉青色事業専従者給与の適正額

正しい処理

　青色事業専従者に給与を支払う場合で、その支払金額が適正額であるとして必要経費に算入するためには、「青色事業専従者給与に関する届出書」に記載されている方法に従い、その記載されている金額の範囲内において支払うことが前提となります。

　ただし、その支給額が「適正額」と認められるためには、一定の要件に従って、総合的に決めなければなりません。

　事務処理を行っている事を勘案しても40万円程度が妥当な金額であるとされた場合は、妻に支払っている月給80万円のうち40万円を超える部分の金額については必要経費に算入することが出来ない可能性があります。

　ちなみに、「妻の給与は月40万円が妥当」であるとされた場合に否認される額は次の通りです。

- 妻の給与
  80万円×12ヶ月＝9,600,000円
- 必要経費に認められた妻の給与
  40万円×12ヶ月＝4,800,000円
- 必要経費に算入できない給与
  9,600,000円－4,800,000円
  ＝4,800,000円

[ポイント解説]

　妻を青色事業専従者にし、かつその支給する給与が適正額であるとして必要経費に算入するためには以下の要件を満たさなければなりません。

(1) その事業に従事した期間、労務の性質及び提供の程度
(2) その事業に従事する他の使用人の給与の状況及び同業・同規模の事業に従事する者の給与の状況
(3) その事業の種類、規模、収益の状況

　本事例における青色事業専従者給与の適正額は、3つの内容を総合的に判断することになります。

もうワンポイント ▶▶▶ 青色事業専従者って何？

　少し話が前後しますが、先ほどから出てきている「青色事業専従者」って、何のことだかわかりますか？

　おおざっぱに言うと、事業主と一緒に暮らしていたり、離れて暮らしていても仕送りをしてもらっているなど、要は「同一生計で生活している(税法上、「生計を一(いつ)にする」と言います)」妻や子、祖父母などの家族の従業員で、一定の要件を満たした人のことを言います。

　これは「生まれたばかりの赤ん坊から寝たきりの祖父母まで家族全員を従業員ということにして給料を払えば節税になる！家族だから誰も文句は言わない！」

　…なんてことを考える人が、もし、いたとしたらば困りますので、家族従業員の中でも青色専従者に対する給与でない限り、所得税の計算上、必

要費用として認めないという決まりがあるのです。

　ではどのような人が「青色事業専従者」なのか？年齢や事業に従事していることなどの基本的な要件を満たし、届出を出していることが必要です。さらに、「青色事業専従者」に対する給与額は届出に従って支給することになります。

(青色事業専従者の要件)
(1) その事業者と生計を一にする配偶者その他の親族であること。
(2) その年の12月31日までに満15歳以上になっていること。
(3) 専ら事業者が営む事業に従事していること(ただし学生又は他に職業がある人のうち一定の要件を満たす者及び老衰等により事業に従事することが困難であると認められる者については青色事業専従者になることはできません)。
原則…その年を通じて6ヶ月を超える期間、その事業に従事していること。
特例(その年の途中で開業した場合など)…従事することができると認められる期間の2分の1を超える期間、その事業に従事していること。

(青色事業専従者給与を必要経費とするための要件)
(1) 青色事業専従者給与に関する届出書を以下の日までに提出していること。
　　・新規開業の場合
　　　　A　開業日が1月15日以前 ⇒ 3月15日まで
　　　　B　開業日が1月16日以降 ⇒ 開業した日から2ヶ月以内
　　・新たに青色事業専従者を有した場合
　　　　A　その有した日が1月15日以前 ⇒ 3月15日まで
　　　　B　その有した日が1月16日以降 ⇒ 有した日から2ヶ月以内
　　　※一度提出している届出書の内容を変更したい場合には「青色事業

専従者給与に関する変更届出書」を提出しなければなりません。
(2) 支給する給与が届出書に記載した方法により支給されており、かつその範囲内の金額であること。
(3) 支給する給与の額が労務の対価として適正な金額であること。
　　この適正な金額については以下の3つを勘案して判断することになります。(今回の事例では、この要件を満たしていないことが失敗のポイントでしたね)
　・その事業に従事した期間、労務の性質及び提供の程度
　・その事業に従事する他の使用人の給与状況及び同業・同規模の事業に従事する者の給与状況
　・その事業の種類、規模、収益の状況

事例 15

役員報酬の増額分が認められなかった事例

　私は、飲食店業を営む会社の社長をしております。上半期の業績が予想以上に好調であったため、下期より従業員の給与をベースアップすることとしました。その際に、社長である私の給与につきましても、月額を増額し下期は増額後の額を毎月支給致しました。

　その後、税務調査が入り、税務調査官より「下期より増額した部分の役員報酬については、定期同額給与に該当しないので、経費にすることは認められないのでは？」という指摘を受けました。

　法人税の所得計算上、損金算入が認められるためには、どのようにすればよかったのでしょうか。

失敗のポイント

　法人がその役員に対して支給する給与のうち、法人税の所得計算上、損金の額に算入されるものは、法人税法でその範囲が限定されています。

　事例のように、利益が出たことにより、その利益を調整する目的で、毎期の所定の時期以外の時期に役員報酬の額を変更するような場合は、法人税法に規定する給与以外の給与となりますので、その増額した部分については損金算入が認められません。

正しい処理

　事例の法人が支給する役員報酬については、定期同額給与の要件を満たす必要があります。

　定期同額給与とは、原則として各支給時期における支給額が同額（毎月同額を支給している場合等）であるものを言います。定期同額給与の額を変更する場合には、変更時期や変更理由に一定の制限があります。

　具体的には、期首から３ヶ月以内にされる通常の改定の際の改定であるか、それ以外の改定については法人税法等に定める一定の事由（※）に該当する必要があります。

　事例の場合には、改定理由が一定の事由に該当しないため、期首から３ヶ月以内の一定の時期での改定でなければ、その一部について損金算入が認められないということになります。

　そのため、毎期の定時株主総会において、役員報酬の額を決定する際には、その後の変更が難しいことを念頭において頂き、慎重な検討が必要です。

［一定の事由とは］
　役員の地位の変更や、職務内容の重大な変更があった場合等が該当します。

[ポイント解説]

　平成19年4月1日以後に開始する事業年度において、法人が役員に対して支給する給与については、「定期同額給与」「事前確定届出給与」又は「利益連動給与」のいずれかに該当しなければ損金の額に算入されません。事例の会社もそうですが、多くの企業で「定期同額給与」により役員報酬を支払っているものと思いますので、「定期同額給与」について詳しく解説します。

　「定期同額給与」の基本はずばり、「毎月同じ金額支払う」です。法人税法では「その支給時期が1ヶ月以下の一定の期間ごとである給与で、その事業年度の各支給時期における支給額が同額であるもの」と規定されています。

　また、「継続的に供与される経済的利益のうち、その供与される利益の額が毎月おおむね一定であるもの」も定期同額給与となります。ここまでは読んで字のごとし、ですね。

　最後に、「やむを得ない事情があったのならば、金額が年度の途中で変わったとしても定期同額給与とみなしてもいいですよ」という規定もあります。やむを得ない事情とは何かをおおざっぱに言うと、期首から3ヶ月以内の改定、職務内容や役職が変わったことによる改定、あるいは経営状況が著しく悪化したことによる減額改定（この場合は減額のみ認められます）、この3つです。いずれかに該当すれば金額変更があっても定期同額給与とみなされます。

定期同額給与の図

①通常の改定のみの場合

5/25株主総会にて変更（通常の改定）

4月	5月	6月	7月	8月	9月	10月	11月	12月	1月	2月	3月
50万	50万	100万	100万	100万	100万	100万	100万	100万	100万	100万	100万

4月〜5月 同額 → 定期同額給与
6月〜3月 同額 → 定期同額給与

※不相応に高額な部分の金額がなければ、全額が損金に算入されます。

②臨時改定事由に当たらない改定がある場合

5/25株主総会にて変更（通常の改定）
10/1増額改定（臨時改定事由に該当しない変更）

4月	5月	6月	7月	8月	9月	10月	11月	12月	1月	2月	3月
50万	50万	100万	100万	100万	100万	150万	150万	150万	150万	150万	150万

4月〜5月 同額 → 定期同額給与
6月〜3月 **同額ではない**

※6月〜3月の役員報酬については、定期同額給与に該当していないため、10月からの増額部分である300万円（月50万円×6ヶ月）は法人の損金として認められません。

最後に、法人税法では次のように定められていることをご紹介いたします。

定期同額給与とは…

(1) その支給時期が1ヶ月以下の一定の期間ごとである給与（以下「定期給与」といいます。）で、その事業年度の各支給時期における支給額が同額であるもの。
(2) 定期給与の額につき、次に掲げる改定（以下「給与改定」といいます）がされた場合におけるその事業年度開始の日又は給与改定前の最後の支給時期の翌日から給与改定後の最初の支給時期の前日又はその事業年度終了の日までの間の各支給時期における支給額が同額であるもの。
  イ　その事業年度開始の日の属する会計期間開始の日から3ヶ月を経過する日までに継続して毎年所定の時期にされる定期給与の額の改定。ただし、その3ヶ月を経過する日後にされることについて特別の事情があると認められる場合にはその改定の時期にされたもの
  ロ　その事業年度においてその法人の役員の職制上の地位の変更、その役員の職務の内容の重大な変更その他これに類するやむを得ない事情によりされたその役員にかかる定期給与の額の改定（イに掲げる改定を除きます）
  ハ　その事業年度においてその法人の経営状況が著しく悪化したことその他これに類する理由によりされた定期給与の額の改定。（その定期給与の額を減額した改定に限られ、イ及びロに掲げる改定を除きます）
(3) 継続的に供与される経済的利益のうち、その供与される利益の額が毎月おおむね一定であるもの。

事例16 店内生演奏による騒音クレームの対策費

　私は住宅街においてウエスタンバーを営む法人の代表取締役のAという者です。この度、私の店舗では集客活動の一環として、毎週金曜日、土曜日の夜にはウエスタンバンドによる生ライブを行う事としました。

　その結果、お客様の数は増加したのですが、近隣の住民より店舗内部、外部における騒音に対するクレームが発生しました。近隣住民と話し合った結果、近隣住家の窓を防音効果の高いものに取り替え、その取替費用を当方にて負担するという事で話が落ち着きました。

　私は近隣住家の窓の取替費用100万円を当期の経費として計上していましたが、決算時に担当の税理士より「こちらの100万円は繰延資産というものに該当し、一時に経費として計上することはできません、一定期間に渡り、経費として計上する必要があります」との指摘を受けました。

失敗のポイント

　税法上では「法人が支出する費用のうち支出の効果がその支出の日以後一年以上に及ぶもの」については経費の計上時期（一時に経費として計上することが可能であるのか、繰延資産として一度、資産に計上し数年間に按分して経費として計上しなければならないのか）について検討する必要があります。

　今回のケースでも、近隣住家の防音対策に係る費用は今後、店舗を運営するに当たり、将来にわたり支出の効果が見込まれる（防音対策費用を支出することにより、店舗の営業が可能となる）ものでありますので、繰延資産として資産に計上すべきでしたね。

正しい処理

　今回のケースでの防音対策に係る費用は繰延資産に該当しますので、一度資産として計上し、その後、数年間に按分して経費として計上する必要があります。この場合の「数年間に按分して経費として計上する」方法ですが、税法上では、毎期の経費として計上できる額の限度額が以下のように定められています。

$$\text{経費として計上できる限度額} = \text{繰延資産の額} \times \frac{\text{その事業年度の月数}}{\text{支出の効果の及ぶ期間の月数}}$$

　「支出の効果の及ぶ期間」に関しては、法人税法基本通達（8-2-2）に「固定資産を利用するために支出した繰延資産については当該固定資産の耐用年数を基礎として適正に見積った期間」と定められていますので、それに従い限度額を計算する必要があります。
　なお、今回のようなケースでは、支出の効果の及ぶ期間の月数は、一般的には固定資産の耐用年数の7／10に相当する期間が妥当であるとされています。

[ポイント解説]

　法人税法上では繰延資産の意義及び範囲について以下の通りに定めています。

　　法人が支出する費用のうち支出の効果がその支出の日以後一年以上に及ぶもので次のものをいう。(資産の取得に要した金額とされるべき費用及び前払費用を除く)
(1)　創立費
(2)　開業費
(3)　開発費
(4)　株式交付費
(5)　社債等発行費
(6)　次に掲げる費用で支出の効果がその支出の日以後一年以上に及ぶもの
　　①自己が便益を受ける公共的施設又は共同的施設の設置又は改良のために支出する費用
　　②資産を賃借し又は使用するために支出する権利金、立ちのき料その他の費用
　　③役務の提供を受けるために支出する権利金その他の費用
　　④製品等の広告宣伝の用に供する資産を贈与したことにより生ずる費用
　　⑤①から④までに掲げる費用のほか、自己が便益を受けるために支出する費用

〈事例16〉店内生演奏による騒音クレームの対策費

今回のケースでは上記(6)⑤に該当しますので繰延資産として資産計上が必要となります。

【具体例】

［前提事項］
・支出した費用の額：1,000,000円
・固定資産の耐用年数：6年
・1事業年度の月数：12ヶ月

(1) 支出の効果の及ぶ期間の月数
　　6年×7/10＝4.2年　→　4年　（1年未満は切り捨てとなります）
(2) 1事業年度に経費として計上できる限度額
　　1,000,000円×12ヶ月/48ヶ月＝250,000円

　1事業年度に経費として計上できる金額は1,000,000円のうち250,000円となり、250,000円を4年間に渡り経費として計上することとなります。

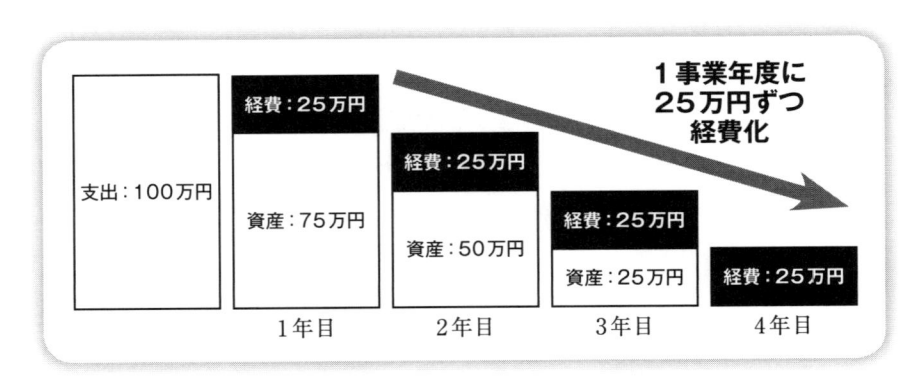

支出：100万円	経費：25万円	経費：25万円	経費：25万円	経費：25万円
	資産：75万円	資産：50万円	資産：25万円	
	1年目	2年目	3年目	4年目

1事業年度に25万円ずつ経費化

column

繰延資産は2種類ある?!

　実は繰延資産には、会計上のものと税法独自のものの2種類があります。

　会計上の繰延資産は、①創立費（設立登記までに要した費用。発起人への報酬、設立登記の登録免許税等）、②開業費（設立登記後営業開始までに要した費用）、③開発費（新技術、新資源の開発、新市場の開拓に要した費用）、④株式交付費（会社設立後、新たに株式を発行するために要した費用）、⑤社債等発行費（社債発行に要した費用）の5つで、原則として任意償却できます。

　B/SやP/Lは、会計上のルールに従って作成しますので、「会計上」と言われた場合は大雑把に「利益の計算に何らかの影響が出るもの」と考えて下さい。

　一方、税法独自の繰延資産は、公共的施設等の負担金、資産を貸借するための権利金等、役務提供の権利金等、広告宣伝用資産の贈与費用、自己が便益を受けるための費用などがあります。原則として償却期間を基に毎期償却していきます。

　税法独自の繰延資産は、会計上の利益には影響しませんが、税額計算をする際に調整をします。

　「税法上」や「税法独自の」と言われた場合は大雑把に「B/SやP/Lの資産や利益の金額に直接影響しないけれど、税額の計算で何らかの調整が加わるもの」と考えて下さい。

事例 17

モーニングセット回数券販売に係る売上の計上時期についての事例

　私は県内で5店舗の喫茶店を営む法人の代表取締役Aという者です。私どもの法人では前事業年度の不振を受け、この度、経営改善を図るため、フードコンサルタント業者にコンサルティングを依頼しました。

　コンサルティングの結果、私どもの店舗では朝の時間帯は8割以上がリピーターであるため、そちらのお客様に向けて「モーニングセット回数券（以下回数券）」の販売を開始し顧客の囲い込みを図る事となりました。

　この回数券の内容は、500円のモーニングセットと引換え可能な回数券12枚綴りを5,000円で販売するというものです。

　この回数券販売の経理処理に関しまして、私どもでは回数券の販売時にお客様よりお預りした金額を「前受金」として計上し、お客様が回数券をご

利用された際に売上に振り替えるという処理を行っていました。

しかし、決算期に担当の税理士に１年間の取引を確認してもらったところ、回数券販売の経理処理について、以下の指摘をうけました。

「回数券は販売時に５,０００円の売上を計上せずに、利用時に毎回売上を計上していますが、税務署の確認などは受けましたか？　受けていなければ回数券販売時に５,０００円の売上計上が必要ですよ」

私どもでは税務署への確認など行っていませんでしたので、回数券販売開始後の約１０ヶ月分の経理処理を見直すこととなってしまいました。

失敗のポイント

今回の事例では、回数券の販売に係る売上の計上時期が問題となっています。今回のケースでAさんは回数券販売時に受取った現金を前受金として処理を行い、引換え時に売上を計上していたようです。しかし、こちらの処理を行うには一定の手続きが必要となります。原則は上記税理士が言っているように販売時に売上を計上する事となります。

> **正しい処理**
>
> 売上の計上時期に関しましては、税務調査等でも論点となることが多い部分です。今回のケースでは回数券の販売の収益をどの時点で計上すべきか、ということが論点となっているようです。
>
> 結論としては、上記の税理士が指摘しているように、回数券販売時に5,000円の売上計上を行うこととなります。Aさんが行ったようにモーニングセットとの引換え時に売上を計上する場合には所轄の税務署などへの確認を行うなど一定の要件を満たす必要があります。

[ポイント解説]

税法上では法人が商品引換券等を発行に係る収益の帰属時期について次のように定めています。

1．一定の要件を満たさない場合

法人が商品引換券等を発行し対価（売上）を収受した場合には商品引換券等を発行した日の属する事業年度の売上として計上する。

2．一定の要件を満たす場合

法人が商品引換券等と引換えに商品を提供した日の属する事業年度において売上として計上する。

3.「一定の要件」とは

　法人が商品引換えの日の属する事業年度において収益を計上すること、商品引換券等の発行日の属する事業年度終了の日の翌日から3年を経過した日の属する事業年度終了の時において、まだ利用されていない（商品の引渡しが未済である）商品引換券等に係る売上を当該事業年度の売上に計上することにつき所轄税務署長に確認を受けること。さらにその確認を受けた後において継続的にその経理方法を行っていること。

4．税務署への確認方法

　税務署への確認方法に関しましては、書式等は特に定められていませんので、各々で文書を作成し、所轄の税務署へ送付するという形式になります。

　文面等の作成方法等に関しては、個々の事例によって異なりますので、担当の税理士等に御確認下さい。

まとめ

税務署への確認	収益の計上時期	備考
なし	商品券を販売した時点	
あり	商品券が利用された時点	商品券の発行の日の属する事業年度終了の日の翌日から3年を経過した日の属する事業年度終了の時において、まだ利用されていない商品券に係る売上を当該事業年度の売上に計上

事例18 資産計上すべきホームページ制作費用について

　私は都内で居酒屋を経営しています。店を出店してから1年が経過し、次第に客足も増えてきたところですが、今後の更なる集客の増加を狙うため、お店のホームページを制作することに決めました。

　ホームページについては店の内部や料理などの紹介をメインとしていますが、そのような広告目的以外にも店の予約が取れるような機能（弊社が所有している予約管理システムにアクセスして予約する機能）も付けることにしました。

　なお実際のホームページについては外部の専門家の方に依頼し、制作してもらったのですが、先方からの請求書の内容は①ホームページ自体の制作代、②ホームページから予約管理システムへアクセスするためのプログラム制作費用、でそれぞれ50万円掛かりました。

　その時の経理処理については全て一括で費用に

計上しています。しかし、決算になって請求書を顧問税理士に見せると「ホームページ制作代のうち、一部については資産に計上しなければなりませんよ」と指摘を受けてしまいました。

　ホームページは季節限定の料理や新作料理などのPRが中心となっており、内容の更新については頻繁に行っているので制作費が全額費用になると思っていたので、資産計上しなければならない部分については丸々利益になってしまい、予想外の法人税などの納税が発生してしまいました。

失敗のポイント

　飲食店やホテルなどの予約は、ホームページからすることが可能な場合が多いと思われますが、そのようなホームページは、その会社の予約管理システムにアクセスできるようにプログラム設定がされている場合が多いのです。

　このようなプログラムが組み込まれているホームページを制作する場合には、費用総額を「プログラム制作費用」と「ホームページ自体を制作する費用」に区分し、プログラム制作費用についてはソフトウェアとして資産に計上しなければなりません。

〈事例18〉資産計上すべきホームページ制作費用について

> **正しい処理**
>
> この事例のように外部の専門家にホームページ制作を依頼する際に、併せてその会社のデータベースやネットワークにアクセスするためのプログラムを組み込む場合には、その部分の費用（この事例では②ホームページから予約管理システムへアクセスするためのプログラム制作費用）についてはソフトウェアとして資産に計上し、5年で償却しなければなりません。

［ポイント解説］

1．法人税法上の「ソフトウェア」とは

　飲食店に限らず、企業がWebサイト上で公開しているホームページの中には、その企業が所有しているデータベース（例えば予約管理システムなど）にアクセスできるような機能が設定されている場合があります。このような機能はホームページ自体の機能ではなく、データベースにアクセスできるようなプログラムを設定している機能になります。

　法人税法上、ソフトウェアの定義については明確な規定はありませんが、基本的には「研究開発等に係る会計基準」に規定されているソフトウェアの定義と同じであるとされています。

　なお、「研究開発等に係る会計基準」においてソフトウェアとは「コンピュータを機能させるように指令を組み合わせて表現したプログラム等をいう」と規定されています。

　したがって、本事例のように飲食店が所有する予約システムにアクセス

するためのプログラム設定部分の費用は法人税法上、ソフトウェアに該当します。

2.ホームページの更新費用

通常、ホームページは自社の広告をするために制作されることが多く、その内容は頻繁に更新されることが多いと思われます。この事例についても季節限定の料理や新作料理をホームページ上でPRすることが中心となっているため、頻繁に更新されています。

このように頻繁に更新が行われている場合、ホームページ自体の制作費用については支出時に費用処理しても差し支えありません。

事例19

内装工事に伴う経費の取扱い

　私はイタリアンレストランを営む法人の代表取締役を務めています。この度、当法人は事業も軌道に乗って来たこと、店舗の内装の傷みが激しいことから、内装を特徴の無いものからイタリア風の内装に改装（原状回復、装飾のグレードアップなど）を行いました。当該工事に伴い業者に支払った500万円は、当期中に改装工事も終了しており、業者にもすでに支払い済みであったため、全額を修繕費として経費に計上していました。

　翌月、担当の税理士より「修繕費500万円については全てを当期の経費として計上することは出来ません。内容を拝見いたしましたが、内装の価値を増大させる工事に係る費用部分の300万円は資産に計上して減価償却を行う必要があります」との指摘を受け、500万円が全て経費に計上できるものとして税金を予想していた私は、納税資金の調達に東奔西走する事となりました。

失敗のポイント

　法人税法上の考えでは工事費用500万円のうち、内装の価値を増大させる工事に係る費用部分の300万円は将来の収益にも対応するものとして将来にわたり費用を計上していかなければなりません（資産として計上して耐用年数にわたり減価償却を行わなければなりません）。

　改装に係る工事が当期中に終了していること、工事に係る費用500万円を業者に実際に支払っていることから判断して、500万円全額を当期の経費として計上してしまったことが失敗のポイントです。

> **正しい処理**
>
> 建物に造作等を行った場合、その工事に係った費用を「資産として計上するべきなのか、経費として計上するべきなのか」に関しては法人税法上、詳細に定められています。今回のようなケースでは見積りの段階で、工事内容が分かる資料を担当の税理士に持ち込み、「500万円のうちいくらが資産になるのか、いくらが経費となるのか」を確認したうえで、今後の資金繰りを決定する必要がありました。

[ポイント解説]

　固定資産の修理、改良等のために支出した金額のうち、その固定資産の維持管理や原状回復のために要したと認められる部分の金額は、修繕費として支出した時に経費に計上することが認められます。

　ただし、その修理、改良等が固定資産の使用可能期間を延長させ、又は価値を増加させるものである場合は、その延長及び増加させる部分に対応する金額は、修繕費とはならず、一度、資産として計上しなければなりません（これを「資本的支出」といいます）。

1. 資本的支出に該当するもの

　修繕費になるかどうかの判定は修繕費、改良費などの名目によって判断

するのではなく、その実質によって判定します。

　例えば、次のような支出は原則として修繕費にはならず資産に計上する事となります。

（ⅰ）建物の避難階段の取付けなど、物理的に付け加えた部分の金額
（ⅱ）用途変更のための模様替えなど、改造や改装に直接要した金額
（ⅲ）機械の部分品を特に品質や性能の高いものに取替えた場合で、その取替え金額のうち通常の取替え金額を超える部分の金額

　ただし、一つの修理や改良などの金額が20万円未満の場合又はおおむね3年以内の期間を周期として行われる修理、改良などである場合は、その支出した金額を修繕費とすることができます。

2.修繕費に該当するもの

　一方、次に掲げるような費用は修繕費に該当する事となります。

（ⅰ）建物の移えい又は解体移築をした場合（移えい又は解体移築を予定して取得した建物についてした場合を除く。）におけるその移えい又は移築に要した費用の額。ただし、解体移築にあっては、旧資材の70％以上がその性質上再使用できる場合であって、当該旧資材をそのまま利用して従前の建物と同一の規模及び構造の建物を再建築するものに限る。
（ⅱ）機械装置の移設に要した費用（解体費を含む。）の額
（ⅲ）地盤沈下した土地を沈下前の状態に回復するために行う地盛り

に要した費用の額。ただし、次に掲げる場合のその地盛りに要した費用の額を除く。
　　　イ　土地の取得後直ちに地盛りを行った場合
　　　ロ　土地の利用目的の変更その他土地の効用を著しく増加するための地盛りを行った場合
　　　ハ　地盤沈下により評価損を計上した土地について地盛りを行った場合
（ⅳ）建物、機械装置等が地盤沈下により海水等の浸害を受けることとなったために行う床上げ、地上げ又は移設に要した費用の額。ただし、その床上工事等が従来の床面の構造、材質等を改良するものである等明らかに改良工事であると認められる場合のその改良部分に対応する金額を除く。
（ⅴ）現に使用している土地の水はけを良くする等のために行う砂利、砕石等の敷設に要した費用の額及び砂利道又は砂利路面に砂利、砕石等を補充するために要した費用の額

　ちなみに、一つの修理、改良などの金額のうちに、修繕費であるか資産として計上すべきであるかが明らかでない金額がある場合には、次の基準によりその区分を行うことができます。

（ⅰ）その支出した金額が60万円未満のとき又はその支出した金額がその固定資産の前事業年度終了の時における取得価額のおおむね10％相当額以下であるときは修繕費とすることができます。
（ⅱ）法人が継続してその支出した金額の30％相当額とその固定資産の前事業年度終了の時における取得価額の10％相当額とのいず

れか少ない金額を修繕費とし、残額を資産として計上しているときは、その処理が認められます。

事例 20

賃借物件に造作を行った場合の取扱い

　私は居酒屋を営む法人の代表取締役Ａという者です。近頃は不景気の影響か弊法人の周辺でも空きテナントが増え、賃借料も下がってきていました。

　弊法人では、これを機運が熟したと見て、前々より出店計画のあった中華料理店（第２号店）を、今期の頭にオープンしました。

　第２号店は本店の近くにある雑居ビルの２階の賃借物件となっており、賃借契約の基本的な内容は以下の通りです。

（1）賃借期間…６年間
（2）賃借期間満了の場合には賃借期間の更新が可能である。
（3）退去時には賃借物件は原状に復した状態で退去するものとする（当該条件を満たせば賃借物件に造作を行ってもよい）。

弊法人では上記賃借物件の入居に当たり、内装を中華風にするため、壁や床の張替え等の大掛かりな造作を行いました。そして造作に要した費用300万円のうち、資産として計上した230万円を賃借期間である6年で償却を行う、という経理処理を行っていました。
　しかし、こちらの経理処理について決算期に担当の税理士から、
　「今回の契約内容では賃借期間が6年間となっていますが、賃借期間の更新が可能であるため、6年間で償却を行うことはできません」との指摘を受けました。

失敗のポイント

　「賃借期間が6年間なので償却期間も6年」としたことが失敗のポイントです。
　他人の建物に内部造作を行った場合に、その内部造作の減価償却に関して賃借期間を利用できるのは「その建物について賃借期間の定めがあり、その賃借期間の更新ができないもので、かつ、有益費の請求又は買取請求をすることができないもの」に限られます。
　今回のケースでは、賃借期間の更新が可能であったため賃借期間は利用できません。

正しい処理

今回のケースでは賃借期間の更新が可能であったため、賃借期間で償却を行わずに、造作の内容の検討を行い、造作が建物についてされたものである場合には、賃借物件の建物の耐用年数より合理的に算出した耐用年数により償却を行い、建物附属設備についてされたものである場合には、建物附属設備の耐用年数にて償却を行う必要がありました。

[ポイント解説]

「耐用年数の適用等に関する取扱通達」には他人の建物に対する造作の耐用年数について下記のように記載されています。

「法人が建物を貸借し自己の用に供するため造作した場合（現に使用している用途を他の用途に変えるために造作した場合を含む。）の造作に要した金額は、当該造作が、建物についてされたときは、当該建物の耐用年数、その造作の種類、用途、使用材質等を勘案して、合理的に見積った耐用年数により、建物附属設備についてされたときは、建物附属設備の耐用年数により償却する。ただし、当該建物について賃借期間の定めがあるもの（賃借期間の更新のできないものに限る。）で、かつ、有益費の請求又は買取請求をすることができないものについては、当該賃借期間を耐用年数として

償却することができる。

(注) 同一の建物（一の区画ごとに用途を異にしている場合には、同一の用途に属する部分）についてした造作は、そのすべてを一の資産として償却をするのであるから、その耐用年数は、その造作全部を総合して見積ることに留意する。

したがって、他人の建物に対して造作を行った場合には「造作の内容」の確認を行い、造作の内容が建物に対するものであるのか、建物附属設備に対するものであるのかを判断します。

その判断が終了した後、「賃借契約の内容」の確認を行い、賃借期間での償却が可能であるのかどうか等を検討しながら耐用年数を定めることとなります。

もうワンポイント ▶▶▶ 店舗用簡易装備

飲食店業が行う造作には、「店舗用簡易装備」に該当するものが頻繁に見受けられます。

店舗用簡易装備とは、主として小売店舗等に取り付けられる次のようなもので短期間内（おおむね3年以内）に取替えが見込まれるものをいいます。

(1) ルーバー、壁板等の装飾を兼ねた造作
(2) 陳列棚（器具及び備品に該当するものを除く）
(3) カウンター（比較的容易に取替えのできるものに限り、単に床の上に置いたものを除く）

なお、造作の内容が店舗用簡易装備に該当した場合には建物附属設備の耐用年数にて償却を行うこととなります。

事例 21

壁紙の張り替え費用

　私は法人を設立し、自社所有の店舗で喫茶店を経営しています。

　店をオープンしてから今年でちょうど5年が経過し、壁紙がかなり古くなってきたので、張り替えることにしました。

　業者にどのような壁紙があるかを確認したところ、従前に張っていた壁紙と同質の壁紙がありましたので、300万円の費用を掛けて新しい壁紙に張り替えました。この張り替えに係る費用の経理処理については、新しい壁紙に張り替えているので、修繕費計上ではなく、資産計上しました（実は次年度に銀行から借入の予定があり、本年度は業績的に赤字スレスレだったため、費用はなるべく抑えたいと思っていました）。

　期末を迎え、税理士に税務申告のための相談をしたところ、「新しい壁紙に張り替えた300万円の費用は、資産ではなく費用として計上するのが妥当です」との指摘を受けました。

失敗のポイント ✕

既に購入した固定資産に対する支出が資本的支出に該当するのか、それとも修繕費に該当するのかについては金額や経営者の思惑で判定するものではなく、その実質で判定しますが、このような判定方法以外にも、修繕費と資本的支出を区分するための諸規定が法人税法上で設けられています。

既に購入した固定資産に対する支出については、これらの規定に従って処理することになりますので注意が必要です。

正しい処理

古くなった壁紙を張り替えた訳ですが、この張り替えに要した費用が当該建物の通常の維持管理のために要した費用に該当するかどうかがポイントになります。

この事例では、張り替えた壁紙は従前の壁紙と同じ材質のものを使用していることから、その張り替えは現状維持のためのものであり、通常の維持管理のために行われるものと解されます。

したがって、張り替えに要した費用300万円は全額修繕費として計上することになります。

[ポイント解説]

　法人税法上、既に購入した固定資産に対する支出が修繕費に該当するか、又は資本支出に該当するかの判定は、末尾のフローチャートに従って判定してください。

1.「明らかに資本的支出に該当するもの」及び「実質判定」とは

　例えば次に掲げるような支出は、原則として資本的支出に該当します。
(1) 建物の避難階段の取付等物理的に付加した部分に係る費用の額
(2) 用途変更のための模様替え等改造又は改装に直接要した費用の額
(3) 機械の部分品を特に品質又は性能の高いものに取り替えた場合のその取り替えに要した費用の額のうち通常の取り替えの場合にその取り替えに要すると認められる費用の額を超える部分の金額

2.「実質判定」とは

　次に掲げるような金額は、修繕費に該当します。(法基通7-8-2)
(1) 建物の移えい又は解体移築をした場合（移えい又は解体移築を予定して取得した建物についてした場合を除く。）におけるその移えい又は移築に要した費用の額。ただし、解体移築にあっては、旧資材の70％以上がその性質上再使用できる場合であって、当該旧資材をそのまま利用して従前の建物と同一の規模及び構造の建物を再建築するものに限る。
(2) 機械装置の移設（7-3-12《集中生産を行う等のための機械装置の移設費》の本文の適用のある移設を除く。）に要した費用（解体費を含む。）の額
(3) 地盤沈下した土地を沈下前の状態に回復するために行う地盛りに要し

た費用の額。ただし、次に掲げる場合のその地盛りに要した費用の額を除く。

　　イ　土地の取得後直ちに地盛りを行った場合
　　ロ　土地の利用目的の変更その他土地の効用を著しく増加するための地盛りを行った場合
　　ハ　地盤沈下により評価損を計上した土地について地盛りを行った場合

(4) 建物、機械装置等が地盤沈下により海水等の浸害を受けることとなったために行う床上げ、地上げ又は移設に要した費用の額。ただし、その床上工事等が従来の床面の構造、材質等を改良するものである等明らかに改良工事であると認められる場合のその改良部分に対応する金額を除く。

(5) 現に使用している土地の水はけを良くする等のために行う砂利、砕石等の敷設に要した費用の額及び砂利道又は砂利路面に砂利、砕石等を補充するために要した費用の額

3.「実質判定」及び「20万円未満」とは

以下に掲げるものについては修繕費として処理することが出来ます。（法基通7-8-3）

(1) その一の修理、改良等のために要した費用の額（その一の修理、改良等が2以上の事業年度（それらの事業年度のうち連結事業年度に該当するものがある場合には、当該連結事業年度）にわたって行われるときは、各事業年度ごとに要した金額。以下7-8-5までにおいて同じ。）が20万円に満たない場合

(2) その修理、改良等がおおむね3年以内の期間を周期として行われることが既往の実績その他の事情からみて明らかである場合

4.「60万円未満又は前期末の取得価額の10％以下のもの」とは

一の修理、改良等のために要した費用の額のうちに資本的支出であるか修繕費であるかが明らかでない金額がある場合において、その金額が次のいずれかに該当するときは、修繕費として損金経理をすることが出来ます。（法基通7-8-4）

(1) その金額が60万円に満たない場合
(2) その金額がその修理、改良等に係る固定資産の前期末における取得価額のおおむね10％相当額以下である場合

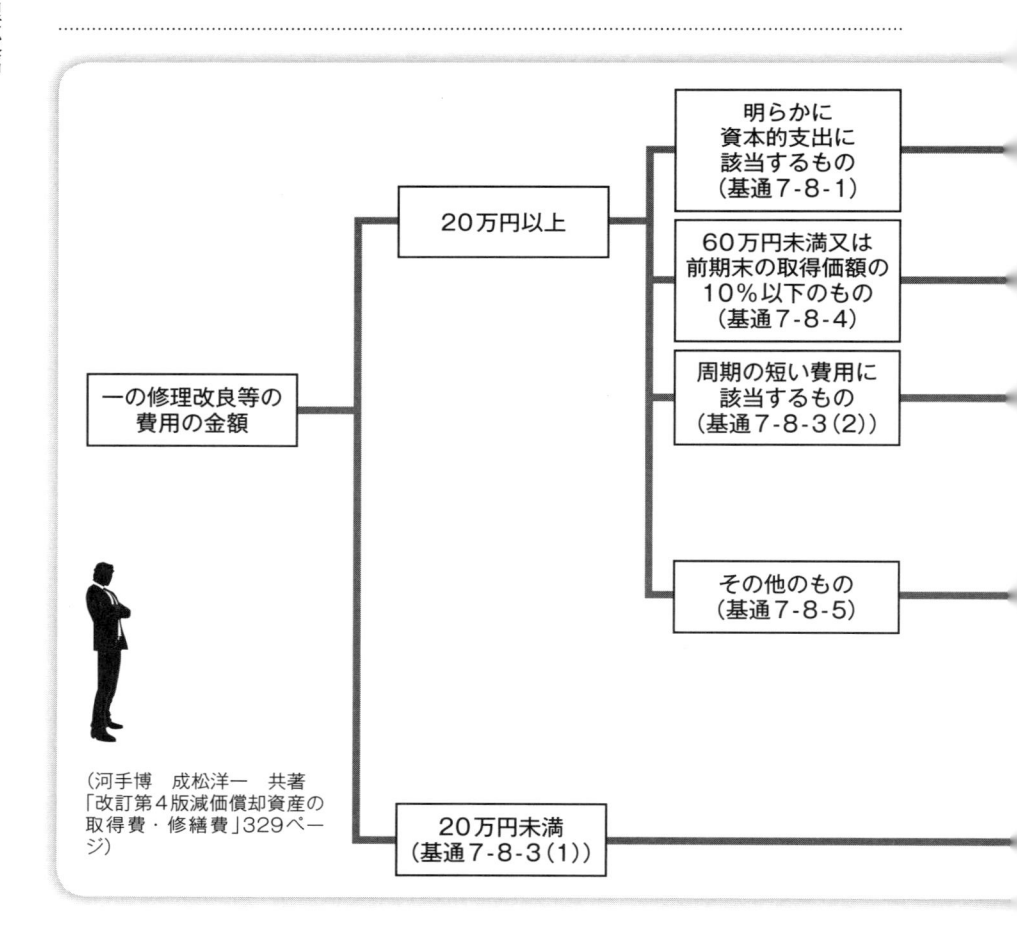

```
一の修理改良等の     ┌─ 20万円以上 ─┬─ 明らかに資本的支出に該当するもの（基通7-8-1）
費用の金額        │        ├─ 60万円未満又は前期末の取得価額の10％以下のもの（基通7-8-4）
             │        ├─ 周期の短い費用に該当するもの（基通7-8-3(2)）
             │        └─ その他のもの（基通7-8-5）
             └─ 20万円未満（基通7-8-3(1)）
```

（河手博　成松洋一　共著「改訂第4版減価償却資産の取得費・修繕費」329ページ）

5.「その他のもの」及び「割合区分」とは

　一の修理、改良等のために要した費用の額のうちに資本的支出であるか修繕費であるかが明らかでない金額（7-8-3又は7-8-4の適用を受けるものを除く。）がある場合において、法人が、継続してその金額の30％相当額とその修理、改良等をした固定資産の前期末における取得価額の10％相当額とのいずれか少ない金額を修繕費とし、残額を資本的支出とする経理をしているときは、これらの処理が認められています。（法基通7-8-5）

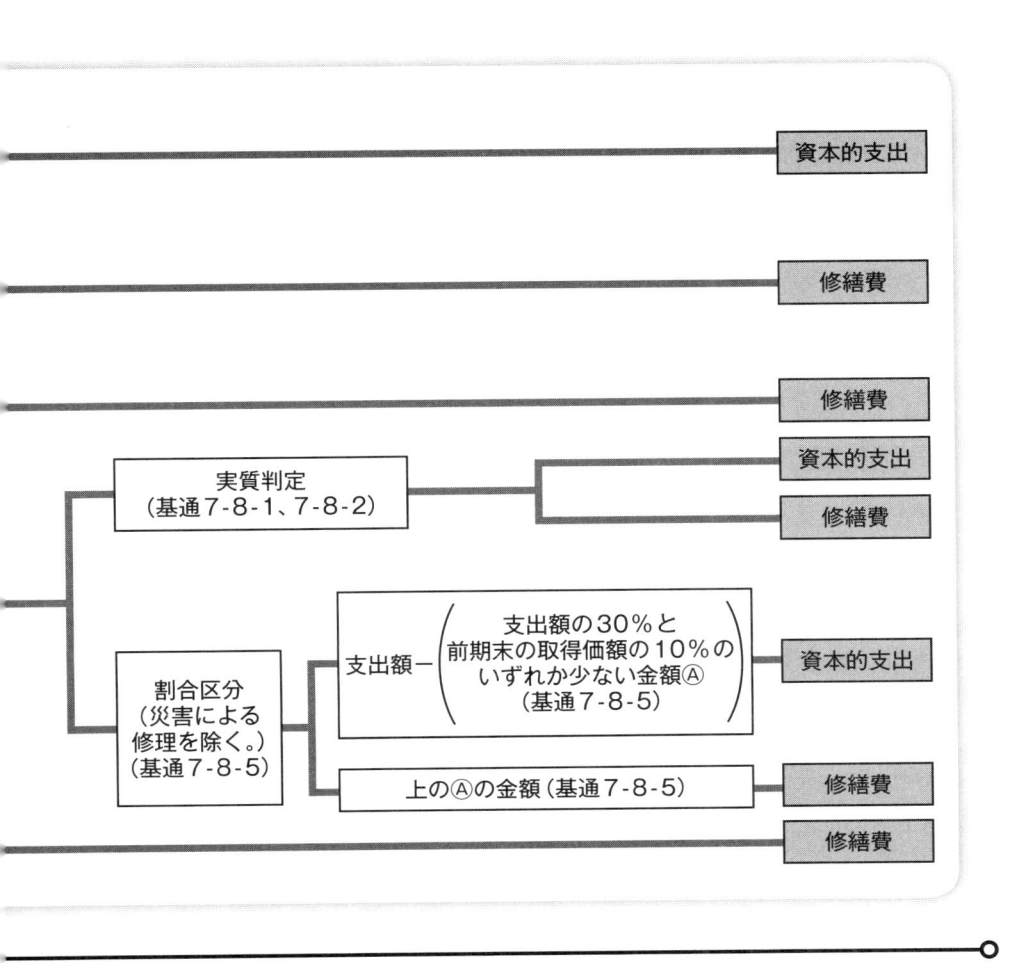

		結果
		資本的支出
		修繕費
		修繕費
実質判定 (基通7-8-1、7-8-2)		資本的支出
		修繕費
割合区分 (災害による 修理を除く。) (基通7-8-5)	支出額 −（支出額の30％と 前期末の取得価額の10％の いずれか少ない金額Ⓐ (基通7-8-5)）	資本的支出
	上のⒶの金額（基通7-8-5）	修繕費
		修繕費

〈事例21〉壁紙の張り替え費用

事例 22

中古レストランの内装を改装した場合の耐用年数

私は都内でイタリア料理店を経営しています。

今から半年ほど前になりますが、飲食店を経営していた友人からイタリア料理店風の店舗を居抜きで買い取り（内部造作設備も含めて800万円）、そのままその店舗で開業することにしました。

しかし、中古という事で内部造作設備はやや古くなっていたことから、オープンまでに1,500万円を支出（全額資本的支出に該当）して改良しました。

それから数ヶ月が経過し決算を迎えようとしていますが、中古資産の耐用年数については使用可能期間を見積もり、その期間で償却することが認められていると聞いていたので、その償却期間は10年くらいではないかと考えておりました。

しかし、顧問税理士に内部造作設備の耐用年数を確認したところ、「今回のケースのように中古で取得した資産に再取得価額（その中古資産と同じ新品のものを取得する場合の価額）の50％以上の資本的支出をした場合には新品の資産を取得し

たのと変わらないことから、その耐用年数についても新品を取得したのと同じ年数を使用しなければならい」と指摘されました。

　もし内部造作設備を新品で購入した場合の耐用年数は41年、再取得価額は2,500万円とのこと。予想外に償却額が少なくなってしまいました。

> **失敗のポイント**
>
> 　法人が中古資産を取得し、事業の用に供した場合のその中古資産の耐用年数は、新品の資産を取得した場合の法定耐用年数を使用するのが原則ですが、それでは実情に合わないことから、その事業の用に供した時以後の使用可能期間（残存耐用年数）を見積もり、その期間で償却をすることも認められています。これを見積法といいます。
>
> 　また、その使用可能期間を見積もることが困難な場合には、一定の方法により計算した年数を、使用可能期間として使用することができます。これを簡便法といいます。
>
> 　しかし本事例のように、取得した中古資産について再取得価額の50％以上の資本的支出をした場合には、中古資産の残存耐用年数（見積法及び簡便法により計算した使用可能期間）を使用することは認められておらず、新品を取得したのと同じ法定耐用年数を使用しなければなりません。

〈事例22〉中古レストランの内装を改装した場合の耐用年数

正しい処理

中古資産を取得した場合に、使用する耐用年数については、以下の順序で考えていくと判定しやすいかと思われます。(P.145フローチャート参照)

まず初めに、取得した中古資産を実際に使用するにあたり、資本的支出をしているのかどうかを判定します。

その判定の結果、資本的支出がある場合において、その資本的支出の金額がその中古資産の再取得価額の50％以上になる場合には、新品を取得したのと同じ法定耐用年数を使用しなければなりません。

また同じく資本的支出がある場合において、その資本的支出の金額が、中古資産の取得価額の50％以上になる場合には、見積法により計算した使用可能期間を使用することは認められますが、簡便法で計算した使用

［ポイント解説］

本事例は新品を取得したのと同じ法定耐用年数（41年）を使用する事例であったため述べませんでしたが、取得した中古資産について見積法又は簡便法が使用できる場合の計算方法は以下のように規定されています。

可能期間を使用することは認められていません。

　したがって使用可能期間を適正に見積もらなければならなくなります。（※ただし、見積法における特例計算を適用することも可能です。下記（1）参照）。

　上記以外の場合については、見積法で計算した使用可能期間を使用する方法及び簡便法で計算した使用可能期間を使用する方法（耐用年数の見積もりが困難な場合に限る）の2つが認められています。

　本事例については取得した中古資産について再取得価額（2,500万円）の50％以上の資本的支出（1,500万円）をしていますので、新品を取得したのと同じ法定耐用年数（41年）を使用することになります。

（1）見積法

　法人が中古資産を取得した場合には使用可能期間を見積もることができますが、その見積もり方法については法人税法上、明確に規定されていません。

　したがって何かしらの方法で合理的に見積もることになりますが、法人が以下の算式により計算した年数を、その中古資産の使用可能年数として

いるときは、これを認めることとされています。

（算式）　A÷(B/C+D/E)＝使用可能期間（1年未満の端数があるときは、これを切り捨てた年数とする）

A…中古資産の取得価額（資本的支出の価額を含む）
B…中古資産の取得価額（資本的支出の価額を含まない）
C…中古資産につき簡便法により計算した耐用年数
D…中古資産の資本的支出の額
E…中古資産の法定耐用年数

　※ただし、中古資産を事業の用に供するにあたって、支出した資本的支出の金額が当該資産の再取得価額の50％を超える場合には、上記の算式により計算することはできません。

(2) 簡便法

・法定耐用年数の全部を経過したもの
　［算式］法定耐用年数×20／100＝残存耐用年数
・法定耐用年数の一部を経過したもの
　［算式］(法定耐用年数－経過年数)＋(経過年数×20／100)＝残存耐用年数

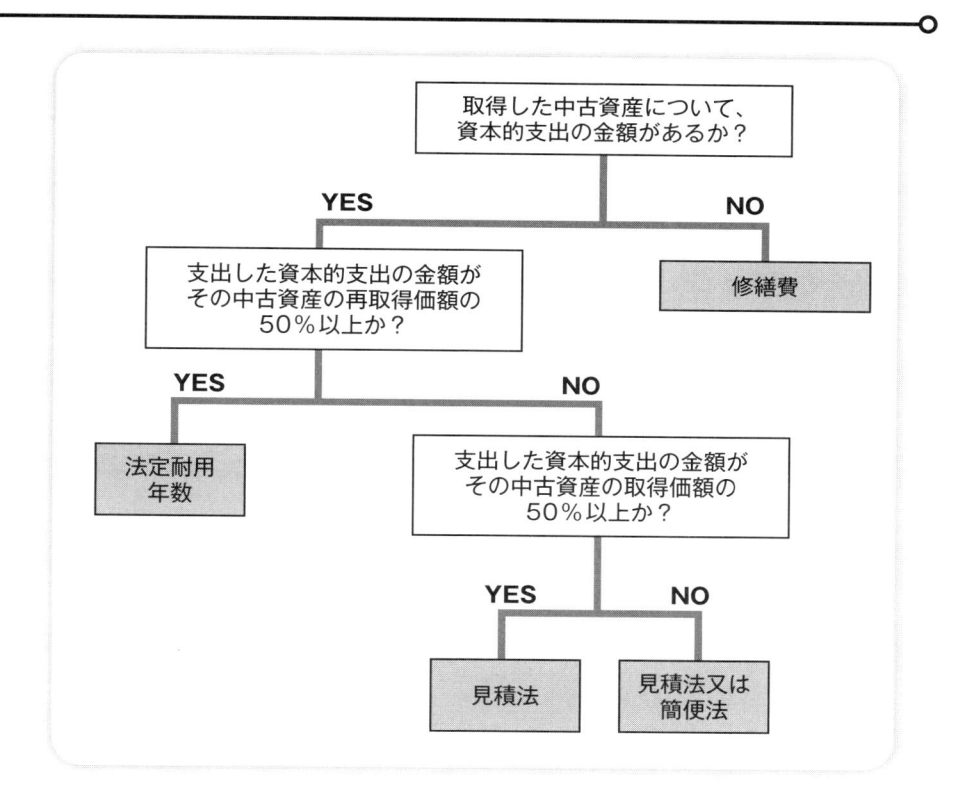

```
                    ┌─────────────────────┐
                    │ 取得した中古資産について、│
                    │ 資本的支出の金額があるか？│
                    └─────────────────────┘
              YES  ─┴─  NO
               │         │
               │       ┌──────┐
               │       │修繕費 │
               │       └──────┘
    ┌─────────────────────┐
    │ 支出した資本的支出の金額が │
    │ その中古資産の再取得価額の │
    │      50％以上か？      │
    └─────────────────────┘
      YES ─┴─ NO
       │      │
    ┌──────┐  │
    │法定耐用│  │
    │年数   │  │
    └──────┘  │
         ┌─────────────────────┐
         │ 支出した資本的支出の金額が │
         │ その中古資産の取得価額の  │
         │      50％以上か？      │
         └─────────────────────┘
           YES ─┴─ NO
            │      │
         ┌──────┐ ┌────────┐
         │見積法 │ │見積法又は│
         │       │ │簡便法   │
         └──────┘ └────────┘
```

〈事例22〉中古レストランの内装を改装した場合の耐用年数

事例 23

決算対策で店舗備品を購入する場合の価格についての注意点

　私は居酒屋を4店舗営む法人（資本金600万円）の代表取締役Aという者です。今年は猛暑の影響か、夏場の売上が好調で大幅な黒字決算が見込まれます。担当の税理士からも、「今期は多額の税金が発生しますよ」とのアドバイスを受けました。

　そこで決算まで残り2ヶ月を切ったつい先日、節税効果も見込み各店舗に50万円の業務用冷蔵庫を導入し、使用を開始しました。

　しかし翌月、担当税理士より「冷蔵庫の導入費（50万円×4台＝200万円）は器具備品として一度資産に計上し、6年に渡り経費として処理する必要があります。さらに今年は2ヶ月分に対応する部分しか経費として計上できません」との説明を受けました。

　思い切った設備投資で資金は出ていった割に、節税効果は薄いようで愕然（がくぜん）としてしま

いました。

失敗のポイント

　備品等をご購入された際に留意すべき点は、ご購入された備品等が法人税法上、「器具備品などの資産として取り扱われるのか（数年に渡り経費として計上しなければならないのか）、消耗品費等などの経費として取り扱われるのか（支出時に一括して経費として計上してよいのか）」という部分です。

　法人税法上、資産の購入に関しては様々な規定がありますので、それに則って経費として計上できるか否かの判定を行わなければ、Ａさんの様に当てが外れる事となってしまいます。業務用冷蔵庫の導入費用をご本人の判断基準で経費として計上してしまったことが失敗のポイントです。

> **正しい処理**
>
> 　一定の条件を満たした資本金の額が1億円以下の法人は、その取得した資産の価額が30万円未満であれば、一時に経費として計上する事が可能です。もし利益を減らすことが目的で業務用冷蔵庫の導入費用を経費として計上する場合には30万円未満のものをご購入される必要がありました。
>
> 　しかし、経費に計上する事を意識しすぎて、安価な業務用冷蔵庫をご購入され、その結果、本業に不便が生じる様な事態になりますと、最終的には事業全体への悪影響を及ぼす事となってしまいます。高額な備品等をご購入される場合には、あくまで事業運営への効果を最優先事項に考え、税金対策に傾倒しすぎないことも、長期的な経営の立場からは必要となります。

［ポイント解説］

1．少額の減価償却資産の特例

　資本金の額が1億円以下（一定の法人を除きます）の法人が取得価額30万円未満である減価償却資産を平成15年4月1日から平成24年3月31日までの間に取得などして事業の用に供した場合には、一定の要件のもとに、その取得価額に相当する金額を経費として計上できます。

以下に資産の取得価額を経費として計上するための要件をまとめます。

> ① 資産の取得価額が10万円以上（10万円未満のものは別の規定にて一時に経費として計上できます）30万円未満の減価償却資産であること（1年間で300万円が限度額です）。
> ② 取得した事業年度において事業の用に供していること。
> ③ 青色申告を行っている法人で提出する申告書に一定の書類を添付すること。
> ④ 資本金の額が1億円以下であること。
> ⑤ 取得した事業年度において帳簿上で経費として計上していること。（固定資産として計上していないこと）

各要件等の詳細に関しては税理士等へ御確認下さい。

2．少額の減価償却資産の特例が使えない法人

　同一の大規模法人（※）に発行済株式の総数の2分の1以上を所有されている法人や、2以上の大規模法人に発行済株式の総数の3分の2以上を所有されている法人は、たとえ資本金が1億円以下の法人でも、少額の減価償却資産の特例を使うことはできません。

（※）同一の大規模法人とは、資本金の額が1億円を超える法人、または資本を有しない法人のうち、常時使用する従業員の数が1,000人を超える法人をいい、一定の株式会社を除きます。

3．少額の減価償却資産

　特例を使える法人が、次の①②のいずれかに該当する減価償却資産を取得し、事業の用に供した場合において、その事業供用年度において会計上、

その減価償却資産の取得価額相当額を経費に計上したときは、その事業の用に供した事業年度において、その減価償却資産の取得価額相当額を経費として計上する事ができます。

(1) 使用可能期間が1年未満のもの

この場合の「使用可能期間が1年未満のもの」とは、減価償却の際に使用する法定耐用年数のことではなく、一般的に消耗性のものと認識され、かつ、その法人の平均的な使用状況、補充状況などからみて、その使用可能期間が1年未満であるものをいいます。

(2) 取得価額が10万円未満のもの

この取得価額は、通常1単位として取引されるその単位ごとに判定します。

例えば、応接セットの場合は、通常、テーブルと椅子が1組で取引されるものですから、1組で10万円未満になるかどうかを判定します。

飲食店業務では(2)の応接セット(テーブルと椅子)のような備品を購入されることが多いかと思います。取得価額に関しては、応接セットのように税法上独特の判断基準によるものもありますので、10万円未満に該当するか否かは、担当の税理士等と確認を行い、厳密な判断が必要になります。

なお、少額の減価償却資産の特例に該当する償却資産については、大半は固定資産税がかかりません。ただし、少額の減価償却資産に該当しても通常の償却を行っているものや、20万円以上のものは固定資産税の対象となりますので、注意が必要です。

column
コストをかけずにバリアフリーを実現する

　社会のバリアフリー化が進み、障がいを持つ方も外出しやすい環境が整ってきました。

　小さな店では「お金をかけて店をバリアフリーにするのは無理…」と思われる方もいらっしゃるようですが、バリアフリーは店舗のつくりだけではありません。サービスの面でバリアフリーを実現することもできます。

　たとえば、視覚障がいのある方には言葉でメニューを説明する、「あれ」「それ」といった指示語を使わずに「お客様から見て2時の方向、30センチくらい前にお水を置きました」といった具合に具体的に数値を使って説明をする、聴覚障がいのある方には、筆談ができるような小さなホワイトボード（100円ショップで購入できるものでOK）を準備しておく―こうしたサービスは、コストをかけずにできるバリアフリーだと思います。

　コストをかけずにバリアフリーを実現する極意は、障がいを持つ方の立場に立ってサービスすることだと思います！

事例 24

回収の目途がつかない売掛金について貸倒損失を計上

　弊社は、飲食店業を営んでいる法人です。自家製の焼きたてパンが人気を呼び、業績は好調です。パンについては、店舗での食事に出しているほか、他の飲食店にも販売しております。このたび、3年ほど前からパンを販売していた飲食店Ａ社に対する売掛金30万円について、回収の可能性がないと判断し、決算書上、貸倒損失として処理しました。

　Ａ社は経営不振により売掛金の支払いが遅れるようになったため1年以上前にパンの販売は停止しています。

　その際にＡ社の社長より、「売掛金の返済については資金繰りの都合もあり、毎月1万円ずつを返済します」と約束してもらいました。ところが、弊社の決算期末の3ヶ月前までは毎月1万円の入金がありましたが、それ以降返済が滞っている状態です。Ａ社は営業を続けておりますが、Ａ社の

社長とは連絡がつかず、返済の意思がないものと判断しました。

その後、税務調査があり調査官から、「貸倒損失30万円については、回収の可能性がないとは言えないため、損金に算入することは認められません」と言われました。

> **失敗のポイント ✗**
>
> 貸倒損失として認められるためには、法人税法上の一定の要件を満たす必要があります。そのため、貸倒損失として処理をする場合には、法人税法上の要件を満たしているかということを確認して検討する必要があります。
>
> 回収が滞り、先方の社長と連絡がつかなくなり、ご自身の経験的な判断で返済の可能性が低いと考え、貸倒損失を計上したことが失敗のポイントです。ご心配な気持ちはよくわかりますが、この事例では法人税法上の要件を満たさないため、貸倒損失として処理することはできないでしょう。

正しい処理

　今回のケースの場合には、法律上の貸倒れや、形式上の貸倒れの要件には該当していないため、事実上の貸倒れに該当していないか検討をしてみる必要があります。

　事実上の貸倒れは、その債務者の資産状況、支払能力等からみてその全額が回収できないことが明らかになった場合に計上することを認めていますので、A社の決算書等を基に検討する必要があります。検討の結果、A社が債務超過状態にあり、返済することができないと客観的に証明できる場合には、貸倒損失としての処理が可能であると思われます。

　検討の結果、事実上の貸倒れによる計上が難しい場合には、時の経過（最後の弁済期以後1年以上）を待って形式上の貸倒れの規定により、損金処理することを検討することになりますが、形式基準による貸倒れの処理ができるのは、翌期となります。

[ポイント解説]

貸倒損失の計上は法人税法上、法律上の貸倒れ、事実上の貸倒れ、形式上の貸倒れについて規定されています。それぞれの規定は一定の要件を満たした場合に適用が認められますので、これらの要件に該当しているか検討を行う必要があります。

1. 法律上の貸倒れ

次に掲げるような事実に基づいて切り捨てられる金額は、その事実が生じた事業年度の損金の額に算入されます。

(1) 会社更生法、金融機関等の更生手続の特例等に関する法律、会社法、民事再生法の規定により切り捨てられる金額
(2) 法令の規定による整理手続によらない債権者集会の協議決定及び行政機関や金融機関などのあっせんによる協議で、合理的な基準によって切り捨てられる金額
(3) 債務者の債務超過の状態が相当期間継続し、その金銭債権の弁済を受けることができない場合に、その債務者に対して、書面で明らかにした債務免除額

2. 事実上の貸倒れ

債務者の資産状況、支払能力等からその全額が回収できないことが明らかになった場合は、その明らかになった事業年度において貸倒れとして損金経理することができます。ただし担保物があるときは、その担保物を処分した後でなければ損金経理はできません。

なお、保証債務は現実に履行した後でなければ貸倒れの対象とすることはできません。

3.形式上の貸倒れ

　次に掲げる事実が発生した場合には、その債務者に対する売掛債権（貸付金などは含みません）について、その売掛債権の額から備忘価額を控除した残額を貸倒れとして損金経理をすることができます。

(1) 継続的な取引を行っていた債務者の資産状況、支払能力等が悪化したため、その債務者との取引を停止した場合において、その取引停止の時と最後の弁済の時などのうち最も遅い時から1年以上経過したとき。ただし、その売掛債権について担保物のある場合は除きます。
(2) 同一地域の債務者に対する売掛債権の総額が取立費用より少なく、支払を督促しても弁済がない場合。

column

勘定が違っていた！
というクレームを受けたときの対応は？

　会計に関するクレームを受けた場合、店が考えるべきポイントは次の3つです。
（1）事実関係の確認（お客様の主張は正しいか）
（2）お詫びと返金
（3）再発防止策を実施

　まず事実関係の確認については、現金のやりとりをした場合はどちらに非があるかを見つけるのは非常に困難です。ですから多くの店では、原則、返金するケースが多いようです。（3）については、注文を受ける際に声に出して復唱する、注文された料理がきちんと出ているか確認する、レジ打ちのミスにも気をつける、といった基本を徹底することが重要です。
　（2）については、店長など責任者がお客様の会社や自宅まで出向いてお詫びし、直接返金するのが筋です。ただしお客様が遠方の場合は、了承を得た上で口座振込か現金書留を利用しても構わないようです。いずれの場合も、詫び状などの文書で謝意を伝えることが重要です。
　ある寿司店では、「レシート持参で連絡してくるお客様の主張はすべて正しい」と見なしているそうです。ある日、酔って注文したことを忘れ、返金を迫ったお客様に対し、「サービスしますので、必ずもう一度いらしてください」と謝罪したところ、後日来店したそのお客様は「この前は自分の勘違いだったかもしれない」と余分に支払って帰ったそうです。
　再来店の有無は、謝罪の仕方で決まる、と言っても過言ではありません。謝罪の際は、店側のミスをきちんと明言することが最も重要です。

事例 25

メーカーから広告宣伝用資産をもらった場合の取得価額

　私は会社を設立し、居酒屋を経営しているAと申します。

　店をオープンしてから4年程が経過し、オープン時に中古で購入した冷蔵庫がかなり古くなってきたので買い換えを考えておりました。

　ちょうどその頃、搬入に来ていたビール会社の方に冷蔵庫の話をしたところ、「我が社の社名が入った冷蔵庫を店内に設置してくれるのであれば、うちの宣伝にもなるので無償で提供しますよ」と言われ、そのビール会社の社名の入った冷蔵庫を無償でもらうことにしました。

　この冷蔵庫は無償でもらったものなので弊社では特に経理処理はしておりませんでした。(後でその冷蔵庫はビール会社が120万円で購入したものだ、と担当者から聞かされ、このときは「かなり得をしたな」と思っていました)

　決算が近づき、例年通り顧問税理士と打ち合わ

せをすることになりました。その時に顧問税理士に「あの冷蔵庫は以前にありませんでしたが、どうしたのですか？帳簿にも載っておりませんが？」と聞かれたので、ビール会社から無償でもらったことを話したところ、「このような場合にはもらった冷蔵庫の時価の一部を受贈益として収益に計上しなくてはいけません。さらに、受贈益の金額を冷蔵庫の取得価額として資産に計上し、減価償却も必要になりますよ」と指摘を受けました。

> **失敗のポイント**
>
> モノを無償でもらった場合には収益（受贈益）という経済的利益が発生し、贈与を受けた固定資産については資産として計上する必要が生じます。（広告宣伝用資産の贈与を受けた場合には、それ以外の資産の贈与を受けた場合と受贈益（経済的利益）の考え方が少し違いますが、資産計上するという基本的な処理方法は同じです）
>
> 一般に固定資産などの「モノ」をもらった場合には、現金をもらった時のように「入金」という処理がないので「収益」という認識が薄く、何の処理もしなかったことが今回の失敗のポイントです。

正しい処理

飲食店がビール会社などの製造業者から固定資産の贈与を受けた場合には、まずそれが広告宣伝用資産であるのかを判定します。

判定の結果、その固定資産が広告宣伝用資産に該当しない場合にはその資産のその贈与を受けた時の時価で受贈益を計上し、同額をその固定資産の取得価額とします。

判定の結果が広告宣伝用資産に該当する場合には、製造業者等のその資産の取得価額の3分の2に相当する金額を受贈益として計上し、同額をその固定資産の取得価額とします。

本事例では製造業者等から贈与を受けた資産が広告宣伝用資産に該当しますので、製造業者等のその資産の取得価額の3分の2に相当する金額を受贈益として計上し、同額をその冷蔵庫の取得価額としますので、120万円の3分の2の金額である80万円を受贈益として計上し、冷蔵庫の取得価額80万円を計上します。

[ポイント解説]

1.固定資産を贈与された場合の処理

　法人が固定資産を贈与によって取得した場合には、贈与を受けた資産の贈与時の時価を受贈益として益金の額に算入されます。

　同時に、その資産の時価にその資産を事業の用に供するために直接要した費用の額を加算した額をその固定資産の取得価額として処理します。

(例)　贈与された120万円の冷蔵庫を設置するため、取付費10万円を現金で支払い、事業の用に供した場合の仕訳
　　　設備備品　130万円／受贈益　120万円
　　　　　　　　　　　　　　現金　　10万円

2.店がメーカー等から資産(広告用宣伝用資産)を贈与された場合

　この事例のように、店が仕入れ先メーカー等から資産を無償で取得した(＝贈与された)場合には、その資産を仕入れ先メーカー等が取得したときの「取得価額」(事例のＡさんの場合、ビール会社が冷蔵庫取得のために支払った120万円)を経済的利益の額(受贈益)を益金の額に算入します。

　ただし、その取得した資産が以下に掲げるような広告宣伝用のものである場合には、その経済的利益の額(受贈益)は、製造業者等のその資産の取得価額の3分の2に相当する金額とし、当該金額(同一の製造業者等から2以上の資産を取得したときは当該金額の合計額)が30万円以下であるときは、経済的利益の額はないものとします。

(1)　自動車(自動三輪車及び自動二輪車を含む)で車体の大部分に一定の色彩を塗装して製造業者等の製品名又は社名を表示し、その広告宣伝

を目的としていることが明らかなもの
(2) 陳列棚、陳列ケース、冷蔵庫又は容器で製造業者等の製品名又は社名の広告宣伝を目的としていることが明らかなもの
(3) 展示用モデルハウスのように製造業者等の製品の見本であることが明らかなもの

　Aさんの事例のように広告宣伝用資産を直接贈与された場合だけでなく、販売業者等が製造業者等から広告宣伝用資産を取得するためにお金をもらった場合についても同様の処理をしなければなりません。

　また、仕入れ先メーカー等の広告宣伝用の看板、ネオンサイン、どん帳のように、明らかに広告宣伝のための資産を受けた場合は、受贈益を計上する必要はありません。

column
グルメ情報サイトへの登録

　友人との飲み会などで店を探すとき、頼りになるのがグルメ情報サイト。

　地域や予算、人数、メンバー、料理の種類など、様々な条件をクロスして検索できるので、飲食店を探すときに大変便利です。

　店側にとっても、決まったフォーマットに情報を入れるだけでWebサイト上に情報公開ができるというメリットがあります。

　何より、知名度の低い新しい店であっても、条件があったお客様を幅広く集客できる可能性が魅力的なようです。

　ただし、気をつけたいのは、こうしたグルメ情報サイトに掲載されるカスタマーレビュー。一度、芳しくないレビューが掲載されると、幅広く集客できるはずが逆に客足が遠のく、といったデメリットもあることを覚えておいて下さい。

事例26

年払いの費用が損金として認められなかった事例

弊社は飲食店業を営む3月決算の法人ですが、地代等の費用について年間払いしているものについては、従来から支払った時の費用として処理していました。

この度、税務調査があり年間払いしているもののうち、損金に算入されないものがあるという指摘を受けました。

具体的には、下記のうち(3)と(5)については期間按分しなければならないとのことでした。同じように年間払いしている費用のどこに違いがあるのでしょうか。

(1) 期間10年の賃貸借契約に基づき支払っている店舗の賃料について、毎月月末に翌月分の賃料月額20万円を支払っている。

(2) 期間10年の土地賃借に係る賃料について、毎年、地代年額(翌期4月～3月分)100万

円を３月末に前払により支払っている。
(3) 期間10年の土地賃借に係る賃料について、毎年、地代年額（翌期４月～３月分）100万円を２月中に前払により支払っている。
(4) 期間５年間のシステム機器のリース料について、12ヶ月分（翌期４月～３月分）50万円を３月下旬に支払っている。
(5) テレビのコマーシャルを放送する為の広告料金を年間契約により12ヶ月分（３月～２月分）240万円を２月末日に支払っている。

> **失敗のポイント**

　前払の費用について、損金算入が認められるためには、下記の2要件を満たす必要があります。

（1）支払った時から1年以内に役務の提供を受けていること。
（2）一定の契約に基づき継続的に役務の提供を受けるために支出した費用であること。

　具体的に事例の(1)から(5)を見てみましょう。事例の中の(3)については、支払ったときから1年以内に役務の提供を受けられないことが明らかですので、短期前払費用の要件を満たしておらず、損金算入が認められません。
　一方、支払の時が違うだけですが、(2)については概ね1年以内に役務の提供を受けていると認められる範囲と考えられますので、これを認めることが相当と考えられます。
　また、(5)については、1年以内に役務の提供を受けているものの、継続的に役務の提供を受けるという部分を満たせないものと思われます。テレビのコマーシャル料は、契約等で決められた一定の時期（時間帯）に広告を流すための料金であるため、継続的に受ける役務の提供とは性質が異なるものと考えられています。

正しい処理

（3）については、支払時期を3月の下旬にすれば、支払ったときから概ね1年以内（※ポイント解説を参照）に役務の提供を受けますので、問題がなかったものと思われます。

（5）については、短期前払費用としての処理は難しいものと思われます。そのため、3月分にあたる20万円は損金処理が可能ですが、4月～2月分の220万円については、前渡金等の科目で資産計上すればよかったことになります。

[ポイント解説]

　前払費用（一定の契約に基づき継続的に役務の提供を受けるために支出した費用のうち当該事業年度終了の時においてまだ提供を受けていない役務に対応するものをいう。以下2-2-14において同じ。）の額は、当該事業年度の損金の額に算入されないのであるが、法人が、前払費用の額でその支払った日から1年以内に提供を受ける役務に係るものを支払った場合において、その支払った額に相当する金額を継続してその支払った日の属する事業年度の損金の額に算入しているときは、これを認める。（法人税法基本通達2-2-14）

1年以内の短期前払費用について、収益との厳密な期間対応による繰延経理をすることなく、その支払時点で損金算入を認めるというものであり、企業会計上の重要性の原則に基づく経理処理を税務上も認めるというものです。

　事例の(2)(4)の場合、3月下旬に支払いをした場合においても、役務の提供を受ける期間は支払時から1年を超えておりますので、短期前払費用の取り扱いがないのではないかということが考えられますが、1年を僅かに超える程度であり課税上の弊害がないと認められる場合には、これを認めることが相当と考えられています。

　しかし一方では、利益が出たから今期だけまとめて1年分支払う、というような利益操作のための支出や、収益との対応期間のズレを放置すると課税上の弊害が生ずると認められるものについては、この通達を適用することが相当でないと思われますのでご注意下さい。

短期前払費用の図解

②の場合【支払った期に損金算入が認められるケース】

3/31
事業年度終了日
支払日

年間地代 100万
4月 5月 6月 7月 8月 9月 10月 11月 12月 1月 2月 3月

支払ったときから1年以内に
役務の提供を受けていると認められる。

③の場合【支払った期の翌期の損金となるケース】

2/15 支払日

3/31 事業年度終了日

年間地代 100万
4月 5月 6月 7月 8月 9月 10月 11月 12月 1月 2月 3月

支払ったときから1年以内に
役務の提供が完了していない。

〈事例26〉年払いの費用が損金として認められなかった事例

事例 27

領収書に貼付する印紙の取扱いについて

　私は都内某所で法人を設立し、和食の飲食店を経営しています。開業してから今年で約5年が過ぎるところです。開業当時は色々と大変でしたが、老舗での長い下積み時代があったため料理の味には自信があり、次第にお客様も増え経営が安定し始めましたので3年ほど前からお昼についてはお弁当のデリバリーサービスを始めました。

　デリバリーサービスは開始当初から店舗近辺で事業展開をする大手企業グループと契約し、現在では20社ほどにデリバリーサービスを行っています。

　集金の方法については、各社1日あたり30,000円～50,000円の売上で毎回、配送するたびに現金で受領し、1枚の領収書（例えば売上金額が1人当たり800円で50人分の場合には合計40,000円と記載した領収書）を手渡しする手法をとっておりました。

　そしてこの度、税務署から「印紙税の調査をしたい」との連絡があり印紙税の調査を受けることに

なりました。調査に至った経緯は配送先であった大手企業グループの関連会社1社に調査が入り、弊社が発行していた領収書に印紙が貼っていなかったことが判明したという、いわゆる「反面調査」によるものでした。

調査の結果ですが、本来は印紙税の罰金として通常納付する印紙税の3倍の過怠税を納付しなければならない、との指摘を受けました。税務署との交渉により、今回は自主申告扱い(通常納付する印紙税の1.1倍)して3期分の過怠税を支払うことになりましたが、思わぬ出費となってしまいました。

○自己申告扱いとなった過怠税
　200円×22日×12ヶ月×3期分×1.1
　＝174,240円

失敗のポイント

印紙税法上、契約書や領収書などのうち、一定の要件を満たすものについては印紙を貼らなければなりませんが、飲食業で印紙税が関係してくるのは契約書関連よりも領収書の方が多いと思われます。1回の受領金額が30,000円以下であれば非課税ですが、この金額の判定はあくまで領収書の合計金額(1人当たりの金額800円ではなく、合計金額である40,000円)で判断します。

正しい処理

　領収書に関する印紙税は領収書の発行金額により税額が変わりますが、3万円未満のものについては非課税で、3万円以上100万円以下のものについては200円、100万円以上のものについては金額により400円〜200,000円の印紙を領収書に貼らなければなりません。

　今回の事例では40,000円ですので200円の印紙を貼付することになります。

記載された受取金額	税額
3万円を超え100万円以下のもの	200円
100万円を超え200万円以下のもの	400円
200万円を超え300万円以下のもの	600円
300万円を超え500万円以下のもの	1,000円
500万円を超え1千万円以下のもの	2,000円
1千万円を超え2千万円以下のもの	4,000円
2千万円を超え3千万円以下のもの	6,000円
3千万円を超え5千万円以下のもの	10,000円
5千万円を超え1億円以下のもの	20,000円
1億円を超え2億円以下のもの	40,000円
2億円を超え3億円以下のもの	60,000円
3億円を超え5億円以下のもの	100,000円
5億円を超え10億円以下のもの	150,000円
10億円を超えるもの	200,000円

[ポイント解説]

　領収書に貼付する印紙の取扱いについては、印紙税法別表第一の課税物件表の第17号の1文書「売上代金に係る金銭又は有価証券の受取書」に以下のように規定されています。

　飲食店の場合、売上代金が100万円を超えることはほとんどないと思われますので領収書に印紙を貼付する場合には、この事例のように200円の印紙を貼付するケースが多いのではないかと思われます。

　印紙に消印をすることを忘れた場合にも過怠税の対象になりますので注意して下さい。

　ただし、クレジットカードで支払われた場合には取扱いが異なります。クレジットカードで支払われたものについては原則、領収書に印紙を貼る必要はありません。

　クレジットカードにより支払われた場合には信用取引により商品を引き渡すものであり、金銭の受領事実がないことから印紙を貼らなくてはならない領収書に該当しません。

　なお、クレジットカードで支払われた場合でも、領収書に例えば「クレジットカード利用」などと明記しなかった場合には印紙を貼らなければなりませんので注意して下さい。

> もうワンポイント ▶▶▶ **正しい領収書の書き方**

　飲食店は、領収書の発行を求められる機会が比較的多い業種です。しかし、他業種のサラリーマンを経て独立された方などから、「領収書ってこうやって書くんですね?!」と言われることが多いので(確かに領収書を書く業種って、あまりないですよね)、正しい領収書の書き方について解説いたし

ます。
　そもそも、正しい領収書って何なのでしょうか?企業が消費税の原則課税を選択している場合、仕入控除を受けるためには、以下の5要件の記載が必要とされています。

(1) 書類の作成者の氏名又は名称
　　…社名と店名が記載されているとベストです。
(2) 課税資産の譲渡等を行った年月日
　　…月日だけでなく、年度も記載することがポイントです。
(3) 課税資産の譲渡等に係る資産又は役務の内容
　　…お品代、などではなく、なるべく具体的に書くことがポイントです。
　　（ご飲食代、お弁当代、ギフト代など）
(4) 課税資産の譲渡等の対価の額
　　…金額冒頭に¥マーク、金額末尾に―（ハイフン）をつけて下さい。3桁ごとに「, （カンマ）」をつけることも忘れずに。これは、領収書発行後にゼロを加えるなどの改ざんを防ぐために行います。

　　　なお、内訳で税抜き価格と消費税額を示しておくことも重要です。総額表示の代金であっても、領収書に「うち消費税〇〇円」、または「税抜き金額〇〇円」と付記すれば、消費税抜きの金額を領収金額として印紙税の額を計算できるのです。(たとえば領収金額30,450円、税抜29,000円、消費税額1,450円の場合、内訳表示がないと収入印紙が必要ですが、内訳表示があれば収入印紙は不要です)
(5) 書類の交付を受ける当該事業者の氏名又は名称
　　…相手先が企業の場合、株式会社や有限会社なども略さずに書くことがポイントです。

　この5要件を満たしている領収書は、右のような感じです。

領収書

平成　年　月　日（2）

株式会社○○様（5）

　　　　　領収金額　￥31,500—（4）
　　　　　但し、ご飲食代として（3）

上記、正に領収いたしました。

内訳：31,500円（4）　　　　住所・会社名　　　｜収入印紙｜
税抜金額：30,000円　　　　店名（1）　　　　　｜割印｜
消費税額：1,500円

事例 28

従業員の賄い費用が現物給与とされた事例

　私の店では、従業員全員（10人）に福利厚生の一環として昼食を提供しています。

　昼食は、お客様に出す食材の使用しなかったものを利用して作っており、わざわざ食材を仕入れる事はありません。

　従業員の出勤日数は15日で、一食にかかる材料代は、500円程度で金額も安いこともあり、昼食代を取っておりません。

　従業員も昼食を楽しみにしており、食事を通して会話も弾むようになりました。

　本来は、無駄になってしまう食材を利用した昼食ですので、一石二鳥で今後も続けていきたいと考えておりましたが、先日の税務調査の際に

　「現物給与に該当するのでは？」と指摘されてしまいました。

失敗のポイント

　食事代は、金額の大小に関係なく、社会通念上は自分で負担すべきものとされています。

　税務上は、従業員が無料（又は著しく低い価額）で食事の支給を受けた場合には、支払うべき昼食代を支払わないですんだということになり、経済的利益を会社から得たということになります。これが現物給与といわれるものになり、原則として給与として課税されなければなりません。

　事例では、1人あたりの1年分食材費は、概算で500円×15日×12ヶ月＝90,000円ですが、従業員は10人ですから年間で従業員の昼食の食材費に900,000円かかっている事になります。

　その他の諸経費を考慮するとさらに費用負担が発生していますので、調査官はその点を　現物給与と指摘したものと思われます。

正しい処理

　事例では従業員1人あたり、年間で約90,000円の給与課税をすることになります。

　今回の場合には、従業員から追加の税金を徴収するか、会社が負担して支払う必要があります。

　なお、従業員に支給する食事は、昼食代の半分以上を従業員が負担し、かつ、会社の負担額が月額3,500円（税抜き）以下である場合には給与となりません。

　したがって事例の場合には、従業員から一食につき300円程度負担をしてもらっていれば現物給与に該当しないことになります。

※（500円−300円）×15日
　＝3,000円 ≦ 3,500円

[ポイント解説]

役員や使用人に支給する食事は、次の2つの要件をどちらも満たしていれば、給与として課税されません。

(1) 役員や使用人が食事の価額の半分以上を負担していること。
(2) 役員又は使用人に支給した食事について、使用者が負担した金額が1ヶ月当たり3,500円（税抜き）以下であること。

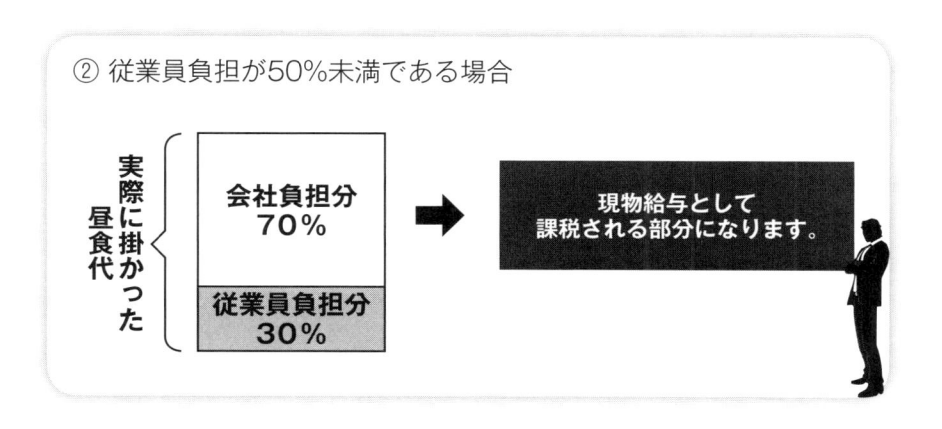

① 従業員負担が50％以上である場合

実際に掛かった昼食代
- 会社負担分 50％
- 従業員負担分 50％

→ 月額3,500円以下であるならば全額負費用でOK、3,500円を超える部分は給与となる。

② 従業員負担が50％未満である場合

実際に掛かった昼食代
- 会社負担分 70％
- 従業員負担分 30％

→ 現物給与として課税される部分になります。

〈事例28〉従業員の賄い費用が現物給与とされた事例

事例29

カード売上の未計上

　私は数店のクラブを展開する法人（決算期３月31日）の代表取締役Ａという者です。当社はここ数年、業績が好調に推移しており、この度、初の税務調査をうけることとなりました。
　税務調査に備え、担当の税理士と過去３期分の取引の精査を行ったところ、以下の事実を発見することとなりました。発見された事実の内容は以下の通りです。

　当社の店舗では業種上、お代が高額となることが頻繁にあり、それに伴いクレジットカードでの会計も多くなります。
　クレジットカードの売上に関しては、当月分の売上が翌月15日にカード会社より入金されるという契約となっています。一例を挙げますと、１月中のクレジットカードでの売上が２月15日に入金されるという流れです。
　当社ではクレジットカードの売上に関しては、カード会社よりの入金時に売上を計上するという

経理処理を行っていました。

　取引の精査後、担当の税理士より上記の経理処理に関して、次の指摘を受けました。
　「Aさん、クレジットカードの売上は入金時ではなく、お客様がクレジットカードにてお会計をされた際に計上しなければなりませんよ。現状ではクレジットカードによる売上が1ヶ月分計上漏れとなっております。つまり、3月15日にカード会社より入金された金額までを、対応する事業年度の売上として計上されていますが、4月15日にカード会社より入金された金額も、お客様のお会計自体は事業年度終了前の3月に終了していますので、売上に計上しなければなりません。これは、税務署より指摘の可能性がありますね。指摘があれば、法人税と消費税の修正申告が必要となってしまいます」
　今更の指摘も対応策はなく、案の定、税務調査にて指摘を受け、法人税と消費税の修正申告を提出する事となってしまいました。

失敗のポイント

「収益をいつの時点で計上するのか」は、法人税や消費税の計算上、非常に重要な問題となり、税務調査においても頻繁に論点となる項目です。

税法上では原則として収益については収益が実現した時点で計上することとなります。すなわち、今回のケースでは、お客様が実際にクレジットカードでお会計をされた日が収益の計上時期となります。Aさんは、実際の入金時が売上の計上時期のように考えていたのかもしれませんね。売上を認識するタイミングを誤っていたことが失敗のポイントです。

正しい処理

今回のケースでの収益の実現時点を検討しますと、お客様が飲食を終えられた時点で、サービス提供の対価としての収益が発生（実現）すると考えるのが妥当となります。つまり、今回のケースではお客様がお会計された時点で収益を計上しなければなりません。

[判断の流れ]

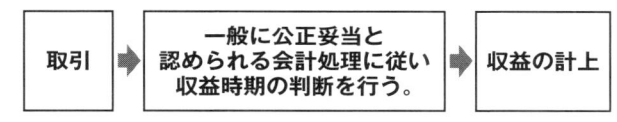

取引 ⇒ 一般に公正妥当と認められる会計処理に従い収益時期の判断を行う。 ⇒ 収益の計上

[今回のケース]

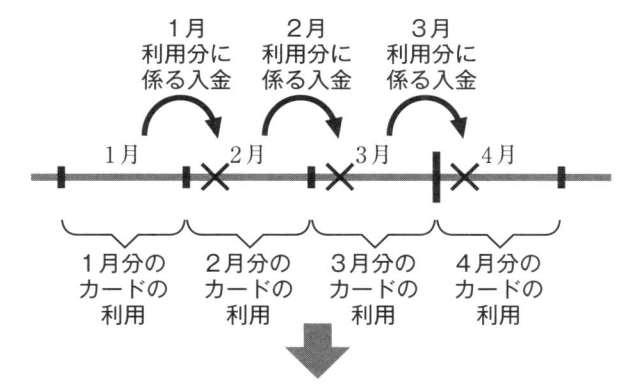

```
            1月              2月              3月
         利用分に          利用分に          利用分に
         係る入金          係る入金          係る入金
             ↓               ↓               ↓
    1月       2月       3月       4月
    ─┬───────×───────×───────×───────┬─
     └──┬──┘└──┬──┘└──┬──┘└──┬──┘
     1月分の  2月分の  3月分の  4月分の
     カードの カードの カードの カードの
     利用     利用     利用     利用
```

↓

入金は4月15日となりますが、
3月中の飲食に対応するカード売上ですので、
3月の収益として3月中に計上する事となります。

〈事例29〉カード売上の未計上

[ポイント解説]

　法人税法上、売上（収益）の計上時期については、一般原則的な規定は設けられていませんが、基本的な考え方は一般に公正妥当と認められる会計処理の基準に従って売上を認識していれば、法人税法においてもその方法を認めるという考え方になっています。

　そしてこの一般に公正妥当と認められる会計処理の解釈を規定しているものに法人税法基本通達というものがありますが、商品（飲み物、食事など）の引渡しについてはその商品の引渡しがあった日に売上を認識するという解釈になっています。

column

勘定科目を変える発想

「居酒屋革命」という店をご存じですか？

この店、なんと焼酎が無料！という居酒屋です。焼酎だけ飲んで帰れば、本当にお代は無料だそうです。

ほとんど広告宣伝はしていないにもかかわらず、口コミのお客さんで連日満員なのだとか。

この店では、焼酎の仕入原価は仕入ではなく広告費として計上しているそうです。

確かに、焼酎はいくら飲んでもタダ！のインパクトは、下手な広告をたくさん打つよりもインパクトがありますね。

ちなみに、焼酎が無料だと、つまみをたくさん頼む人が多いらしく、客単価は焼酎無料サービスをはじめる前より上がっているのだそうです。

こうやって見ると、アルコール類も種類を限って無料にするのも一つの手段ではないか、と思えるのですが、実践する店はあまりないようです（笑）。

やはりアルコール類は利益率が高いので、踏ん切りが付かないのかもしれませんね。気持ちはよーく、わかります。

それだけに「居酒屋革命」の思い切った発想と実行力には本当に驚きますね。

事例 30

ツケ代金がいつの間にか時効になっていた事例

　バーを経営しているＡと申します。当店は基本的に現金またはクレジットカードで飲食代をお支払いいただくことにしておりますが、一部のお客様については、いわゆる「ツケ（売掛金）」も認めておりました。

　今年に入り、売掛金扱いにしていたお客様のうち、ある１社（Ｘ社）の業績がかなり悪化した、という話を聞きました。実はそのお客様は、１年半前からのツケがずっとお支払いいただけない状態が続いておりました。

　ただ、これまで毎月請求書をお送りしておりましたし、売掛金の時効は２年、という話も聞いておりましたので、あと半年のうちに何かできないか、と考えているうちに決算を迎えました。

　顧問税理士から売掛金について質問があったため、Ｘ社の話をしたところ、

　「Ｘ社への売掛金の一部はすでに時効を迎えていますね」

　と指摘されました。

失敗のポイント

確かに売掛金の時効は2年ですが、飲食店のツケの時効は1年なのです。また、請求書を送っただけでは、時効が中断されることはありません。

法的に適切な手段をとらずに1年以上、ツケを放置してしまったところが、今回の失敗のポイントです。

正しい処理

時効を迎える前にX社に対して「残高確認書」や「支払誓約書」に署名捺印してもらうことで、1年の時効を中断することができます。

〈事例30〉ツケ代金がいつの間にか時効になっていた事例

[ポイント解説]

1．ツケの時効

　民法や商法には債権（債務）の消滅時効についての規定があります。これによると、一般債権は原則10年、商事債権は原則5年、と定められています。

　売掛金も債権の一つです。売掛金は商取引の債権ですから時効は5年、というわけではありません。商法には「他の法令に5年間より短い時効期間の定めがあるときは、その定めるところによる。」という規定があります。

　民法においては「生産者、卸売商人又は小売商人が売却した産物又は商品の代価に係る債権（売掛金）」は2年で時効になると規定されているのです。

　さらに「ツケ」の中でも「旅館、料理店、飲食店、貸席又は娯楽場の宿泊料、飲食料、席料、入場料、消費物の代価又は立替金に係る債権」は、1年の短期消滅時効が規定されています。

2．時効の中断

　民法には「時効の中断」という規定があり、相手が債務を承認したり、こちらが法的措置などの強い請求を行った場合は時効が中断されます。時効の中断とは、一定の事由があった場合、それまでの時効期間の経過を止めることをいいます。中断した時効は、その中断の事由が終了した時から、新たにその進行が始まります。

　民法では、時効の中断事由を以下のように定めています。

(1) 請求
(2) 差押え、仮差押え又は仮処分
(3) 承認

飲食業の場合、お客様を相手に裁判沙汰にしたくない、と思われる方が多いため、最もよく取られる方法が(3)承認です。債務の承認とは、時効の利益を受ける人（債務者、保証人など）が権利（借金）の存在を権利者に対して認めることをいいます。

具体的には、「残高確認書」や「支払誓約書」に署名捺印等をしてもらう、という方法です。

相手が署名に応じない、電話にも出ないなど全くの没交渉を決め込むような最悪の場合は、内容証明郵便で請求・催告し（1回限り6ヶ月間時効が中断します）、場合によっては6ヶ月以内に訴訟等の法的措置を取ることも検討しましょう。

また、Aさんのように「毎月請求書を送っているから安心」と思われる方もいらっしゃるかもしれませんが、通常の請求だけでは時効は中断されません。

実のところ、売掛金の時効は、お客様（債務者）側に主張されてはじめて成立します。つまり1年の時効期限が経過してもお客様（債務者）側に支払う意志があれば債権は消滅せず、支払いを受けることが可能です。

今までごひいきにして下さったお客様だからこそ、売掛金の取引にも応じていたわけですから信頼したい、というお気持ちは痛いほどわかります。ただし、「その売掛金はもう時効ですよ」と主張されたならば、ここまで築いてきた信頼関係を白紙に戻すくらいの覚悟がなければ、回収が難しい状況になります。

お客様との関係をいつまでもいい状態で保つためにも、売掛金の時効に対する知識と対抗策は、商売人の基礎知識として覚えておくべきものだと思います。

事例31

店舗に必要な保険

　当店はビルの2階で営業をするフランス料理店（個人事業主）です。先日、トイレの配管が詰まってしまい、急ぎ修理を行いました。

　ところが配管が詰まった影響で、階下の日本料理店にまで水が漏れ、天井、壁、畳、掛け軸などが汚損したとの連絡が入りました。水漏れをおこしたのは当店の責任ですので補償はやむを得ないと考えておりましたが、被害額は1,500万円以上との請求額にびっくり！

　当店の業績は好調でしたが、あまりにも大きな損害額に、これからどうしていいのか困り切っています。

失敗のポイント

　2階以上の店舗の場合には、こうした水漏れのリスクはついてまわります。階下に日本料理店（かなり高級、と見受けられますね）があるならば、水が漏れたときの被害はどの程度なのかをあらかじめ考えて備えをしておくべきでした。しかも個人事業の場合は賠償につき無限責任を負うことになりますので、保険などの備えをしておくべきだったかもしれません。

　この備えを怠ったことが、今回の失敗のポイントです。

正しい処理

　まず、自分の店のリスクを洗い出します。
　次に、リスクに対してどの程度の費用が発生するのかを考え、必要に応じて保険に加入することを検討します。リスクごとに個別の保険や特約に加入する方法のほか、様々なリスクを幅広くカバーする事業用総合保険などがあります。

　ちなみに積立型の保険でない限り、ほとんどの保険料は損金に算入することができます。

[ポイント解説]

　飲食店には、思わぬリスクがつきものです。保険と言えば火災や地震の直接被害を受けての損害に対する火災保険、地震保険をはじめ、盗難・強盗に対する盗難保険などが真っ先に浮かぶかもしれませんね。

　実は飲食店に対するリスクはそれだけではありません。飲食店特有のリスクとして考えられるのは、食中毒発生に伴うリスク。健康被害にあわれたお客様への治療代、慰謝料などの賠償をはじめ、食中毒発生による休業損失のリスクも無視できません。

　さらに、店の場所や営業形態により、個別に考えるべきリスクもあります。

　たとえばこの事例のように、店の下に別の店やオフィスがある場合には水漏れのリスクも考えなくてはいけません。特に階下に骨董品、精密機器、医療機器などがある場合には、数千万円単位の損害賠償額になることもあります。逆に地下の店などは、大雨などの影響による浸水で什器備品が汚損するリスクもあります。

　デリバリーを行っている店であれば、デリバリー中の事故に対する補償も大きなリスクになり得ます。

　またステーキハウスのように焼けた鉄板をお客様の席まで直接サーブするような業種の場合、従業員が誤って鉄板をお客様に落としてひどい火傷を負わせる、ということもリスクとして考えておくべきでしょう。

　まずは自分の店にどのようなリスクがあるのかを洗い出し、その上で保険加入が必要なものについては積極的に保険を利用することを考えてみて下さい。

　飲食店で考えられる主なリスクは次のようなものです。

飲食店で考えられる主なリスク

リスクの種類	損害の例
財物損害リスク	火災や地震で店舗や什器備品が焼失する
財物損害リスク	業務用現金の盗難
財物損害リスク	台風による浸水で什器備品の汚損
賠償責任リスク	食中毒発生でお客様に治療費、慰謝料の賠償
賠償責任リスク	従業員の過失でお客様の衣服等を汚損
賠償責任リスク	お客様の過失で高価な食器を破損
休業損失リスク	火災、ガス爆発等発生後復旧するまで休業
休業損失リスク	食中毒発生で休業
休業損失リスク	仕入れ先の休業で営業不能
各種費用負担リスク	火災発生後、復旧までの仮店舗の賃借費用
各種費用負担リスク	従業員の交通事故で弁護士を雇う
各種費用負担リスク	火災を出し、近隣店舗を類焼させた
役員・従業員の労働災害リスク	調理中のけが、火傷
役員・従業員の労働災害リスク	デリバリー中の交通事故

(出典:「日経レストランOnline」サイト)

　では、どのように保険を選べばよいのでしょうか。保険に詳しい方であれば火災保険をメインにして、その他の補償内容を特約や別の保険でカバーするという選択もありますが、最近では店舗で発生し得るほぼすべてのリスクをカバーする上、様々な補償を個別に掛けるよりも割安な「事業用総合保険」への加入を検討する人が増えているようです。

　保険料は、所在地、建物の構造、建築年、延床面積、所有か賃貸か、売上高、粗利益高、保険期間などにより変わります。

（私たちの経験では、事業用の損害保険をたくさん掛けている店でも年間10万円程度といった印象です）

保険料は、積立型の保険以外は保険料を全額、損金（個人の場合必要経費）にすることができます。

損害賠償について、法人であれば有限責任とすることができますが、個人の場合は無限責任を負うことになります。保険金に頼るようなケースは、滅多に起きることではないことばかりです。だからといって備えを怠ると、万一のときに精神的にも経済的にも大きな打撃を受けることになりかねません。

リスクとコストのバランスを考えながら、保険の利用も検討してみてください。

column

ビルの地下や階上にある店に客を呼び込む

　ビルの地下や階上にあるテナントの場合、集客が難しいケースがあります。
　外から店内の様子を見ることが難しく、どんな店か分かりにくいため、お客様が足を運びにくいからです。
　こうした店の場合、店のコンセプトを通りかかったお客様などに明確に伝えることが極めて重要です。そのために重視したいのが「サイン計画」です。
　サイン計画とは、置き看板、ビルの袖看板やファサードのライン看板、のれん、サンプルケースなどで、何を、どのように伝えるかをコンセプチュアルに考えることです。
　まず、「どんな業態なのか」を伝えることが基本です。基本は業態を示すサブコピーを店名に付けること。和食系の居酒屋ならば、メインで出す料理などをアピールすると良いでしょう。（たとえば「秋田の地酒と料理が楽しめる店」など）
　また、その地域を連想させるようなもの（秋田ならば「なまはげ」のお面、各国料理であるならばその国の国旗など）を看板に使うことも有効です。
　路面店（1階の店）よりも、サインの設置スペースも限られるため、置き看板一つでも考え抜くことが重要です。最も訴えたい点や他店より優れた「売り」を効果的に表現するには、デザイナーや看板業者などの専門家と相談することも有効です。
　サイン計画を実施する際にもう一つ重要なことは、ビルの所有者や管理者との交渉。
　そのビルのテナントが自分の店だけならば直接交渉となりますが、他の店も入っている場合、共有部分について他のテナントと共同して計画をまとめ、ビル側と交渉する、というケースもあります。

事例32

税務調査でここまで調べる?!

　法人は設立せず、個人事業主として居酒屋を経営しているAと申します。当店では、基本的に特定の仕入業者から食材の仕入を行っておりますが、営業時間中に使い切ってしまった食材や調味料などは、近所の24時間営業のスーパーマーケットで購入することもあります。少量の食材等の仕入をする場合は、小口現金から支払いを行い、その都度領収書をもらっていました。

　先日、当店に税務調査が入りました。その際に「現金仕入の際に、ついでにAさん個人で使用するものを購入していますよね？さらに、その個人使用分を、店の仕入代金の中に含めていませんか？」と指摘されました。

　正直に言うと、少量の食材等の仕入時に、自宅で使用する雑貨類（シャンプー、ペット用品など）も一緒に購入しておりました。明細のない領収書ならば誰にもわからないだろう、という思いも少しはあったため、税務調査で指摘されたときには本当に驚きました。

失敗のポイント

　営業中に切れてしまった食材や調味料を、近所の小売店などで一時的に購入し急場をしのぐことは、どの店でもよくやっていることです。ただし、こうした「買い出し」の際に、ついつい個人で使用する雑貨類なども買ってしまう、ということもたまにあります。領収書が総額表示であるため、Ａさんのように半ば確信犯的に行う人もいると聞きます。

　しかし、税務調査では不自然な小口現金仕入なども見逃しません。店の帳票類だけではわからない点については、領収書を発行した店で明細を調べるなどの「反面調査」を行います。Ａさんの場合、反面調査によって小口仕入の内容が明らかになったものと思われます。

　店を経営する人は多忙ですから、小口仕入を行う際に個人で使用するものを買ってしまうことは、やむを得ない一面があります。しかし、店の仕入分と個人使用分はきちんと分けておく必要がありました。これを怠ったことが、今回の失敗のポイントです。

第2章 事務・経理一般編

正しい処理

　小口現金で少額の仕入と個人用の買い物をした場合は、総額表示の領収書ではなく、明細が記載されたレシートをもらってきて下さい。レシートに示された明細のうち、仕入に相当するものにはマルをつけるなど、仕入と個人使用分を会計上、きちんと分けておくことが重要です。

　さらに、「いつ、誰が、どこで、何を、どれだけ（いくら）買ったのか」を明記した明細書にレシートを添付しておくと良いでしょう。

小口仕入明細書　　購入日●●年●●月●●日
　　　　　　　　　購入者■■■■（氏名）

購入したもの	金額	購入先
○○醤油　2本	XXX円	●●スーパー▲▲店
▲▲ウイスキー　1本	XXX円	●●スーパー▲▲店
合計	XXX円	

レシート
●●スーパー
▲▲店

ショウユ　　XXX
ウイスキー　XXX
シャンプー　XXX
ドッグフード

[ポイント解説]

税務調査は、次のような手順で行われます。

(1) 選定

税務署の調査部門の統括官が、売上高や所得金額、販管費などの内容を過去の申告書と見比べながら、どの法人を調査するのかを選びます。これを調査法人の選定事務と言います。国税綜合システム（KSK）によって打ち出された選定支援のための計表や、統括官の経験から「事案」（調査対象にされた法人や個人は、申告書も含めて「事案」と呼ぶ習わしがあります）を決めます。

KSKシステムから打ち出される計表には、主な損益科目、貸借科目の数字が過去5年程度並べられており、売上総利益や棚卸回転率などの各種指標が記載されています。これらの指標に異常な数値が示されると、調査をするときのポイントになります。

(2) 準備調査

「事案」を選定した統括官は、自ら調査に赴くこともありますが、通常は部下に事案を渡し、調査するように指令を出します。指令を受けた調査官は、調査対象期間の申告書とその前後の期と見比べながら、問題点を探り出します。

たとえば売上の伸びに対して所得の伸びが低調、売上が伸びていないのに外注費の伸び方が大きすぎる、巨額な特別損失の内訳が不明…といった不審点を抽出します。これらの作業を「準備調査」と言います。

飲食店の場合、内観、外観などの現地確認をします。実際にお客となって店に入り、内部の状況を見てそれとなく問題点を探る、といった内観調査を行うこともあります。

準備調査を受けて問題点を洗い出し、統括官との話し合いを経ることで、調査官の中に調査展開のシミュレーションができあがります。ここまで準備が整った段階で店側に「税務調査の件でお電話いたしました。調査日程は…」という電話が入るわけです。

(3) 実地調査

これが皆さんのイメージする「税務調査」ではないでしょうか。(実際は、調査官は様々な事前準備を行っているのですが)

実地調査とは、調査官等が実際に法人等に臨場して行う調査のことです。主に次のようなことを行います。

①概況の聞き取り

最初に代表者に面談し、会社の概要を聴取します。会社の業務内容、歴史、代表者の経歴、売上の計上方法や仕入の決済方法などを細かく聴き取っていきます。調査官にとっては、一連の調査事務の流れの中でこの概況の聞き取りが一番大事で重要な手続きになると考えられているようです。

納税者としては、質問されたことに対して、誠意を持ってありのままを説明することが重要です。

②帳簿調査

帳簿調査では、会社の元帳に計上されている各勘定科目の金額、内容を請求書、領収書をもとに調査します。

一番新しい決算期から見始めて、今は5期分を遡及します。売上計上が適正かどうかの調査は、レジシートと現金(預金)との突合(とつごう)によって行われます。また仕入についても同様に、仕入先からの請求書と仕入台帳、買掛金の台帳との突合を行います。Aさんのように小口現金の仕入についても詳しく調べます。

③反面調査

　帳簿調査で問題点があった場合は、相手先の会社に反面調査を実施し、事実関係の確認をします。Aさんの場合、おそらく小口現金仕入に問題点があり、近所のスーパーマーケットに反面調査が入ったものと思われます。

　具体的に言うと、近所のスーパーマーケットに臨場し、Aさんへの売上明細をレシートの控えなどで確認します。明細の中から明らかに店で使用しないものが出てきた場合には、この事例のような指摘をされることになります。

　また飲食業は、反面調査を受ける立場（お客様が「事案」となっているケース）になることもあります。その際には、当局の調査官に対して協力する、ということが大事です。反面調査を拒否したり、非協力的な態度を取ると、相手の不正経理に荷担したと思われ、今度は自分の店が調査を受けることにもなりかねないからです。

　税務調査の上手な受け方、というものがあるとすれば、日頃から適正申告を心がける、ということです。やましいところがなければ、何も心配することはありません。私たち税理士も、クライアントの適正申告をお手伝いすべく、日々努力しています！

［税務調査の流れ］

| 1.選定 | 2.準備調査 | 3.実地調査 | （必要に応じて）修正申告等 |

事例 33

役員に対して無利息で貸付を行った場合の事例

　飲食店の会社役員です。開業から3年経ち、ようやく事業も軌道に乗ってきました。

　会社にも資金的余裕ができたので、5年返済の金銭消費契約を結んで、会社から1,000万円を無利息で借りることにしました。このお金は車の購入資金に充てる予定です。

　以前、飲食店の資金繰りが悪い時期には、個人のお金を会社に貸した事がありましたが、その時には、会社の経営のために利息は取りませんでした。

　今回も利息を支払わない契約にするつもりでしたが、顧問税理士にその話をしたところ「法人側がお金を貸す場合には、利子を徴収しなければなりませんよ」と指摘を受けてしまいました。

失敗のポイント

　会社の設備資金や資金繰りが悪い場合に、役員が個人のお金を会社に貸すことはよくあります。

　金銭消費貸借契約書により、利息を支払う契約をしている場合には、会社は役員に対して利息を支払わなければなりませんが、契約を交わしていない場合には利息を支払わなくても問題はありません。

　逆に会社が役員に対して資金を貸し付ける場合には、必ず利息を徴収しなければならず、無利息や通常の借入金の利率よりも著しく低い場合には、役員に対して経済的利益があったものとして給与課税されます。

　つまり法人側は、お金を借りる場合には無利息でもいいのですが、お金を貸す場合には利息を徴収しなければいけません。（これは法人が、利益追求を目的としているためといわれています）

　今回の失敗のポイントは、経営者が法人に貸し付けたときと、法人から個人が借り入れをした場合を同様に考えてしまった点ですね。

正しい処理

会社が収受すべき利息相当分だけ、役員が経済的利益を受けたと考え、源泉所得税が課税されます。

源泉所得税の対象となる経済的利益とは、会社が通常収受すべき利息の金額に相当します。

収受すべき利息 { 役員報酬 } 経済的利益

なお、通常収受すべき利息は以下のように取り扱われます。

（1）その金銭を会社が他から借り入れていて、貸し付けたものであることが明らかである場合にはその借入金の利率（例えば会社が金融機関から融資を受け、それを役員に貸し付けた場合）

（2）貸付けを行った日の属する年の前年の11月30日を経過する時における基準割引率及び基準貸付利率に年4％の利率を加算した利率

[ポイント解説]

　法人税法では経済的利益部分は役員賞与でなく、定期同額給与の範囲内の役員報酬として考えるため損金の額に算入できます。
　また法人側では、役員報酬と同じ金額だけ受取利息が計上されますので、損益は変わらず、法人税の所得計算には影響はありません。
　ただし以下の場合には、無利息や適正利率以下の利息でも役員報酬にはなりません。

(1) 災害等により臨時的に資金が必要となった場合

　災害、疾病等により臨時的に多額な生活資金を必要となった役員又は使用人に対し、その資金に充てるために貸し付けた金額につき、その返済に要する期間として合理的と認められる期間内に受ける経済的利益

(2) 合理的な利率と認められる場合

　役員又は使用人に貸し付けた金額につき、使用者における借入金の平均調達金利（例えば、当該使用者が貸付けを行った日の前年中又は前事業年度中における借入金の平均残高に占める当該前年中又は前事業年度中に支払うべき利息の額の割合など合理的に計算された利率をいう。）など合理的と認められる貸付利率を定め、これにより利息を徴している場合に生じる経済的利益

(3) 利息が年5,000円未満の場合

　(1)及び(2)の貸付金以外の貸付金につき受ける経済的利益で、その年（使用者が事業年度を有する法人である場合には、その法人の事業年度）における利益の合計額が5,000円（使用者が事業年度を有する法人である場合において、その事業年度が1年に満たないときは、5,000円にその事業年

度の月数（1月未満の端数は1月に切り上げた月数）を乗じて12で除して計算した金額）以下のもの

column
レシートと領収書の奥深い?!関係

　実は、税務において「領収書」は絶対必要不可欠なものではないのです。
　たとえば領収書の出ない交通費や結婚式の祝儀などは、内部の支払い記録や招待状等に祝儀の金額をメモしたもので代用できます。つまり、支払ったことが証明できれば良いのです。
　辞書によると、一般的に手書きのものを領収書（領収証）、レジ等で印字されたものをレシートと呼んでいるようです。意味あいとしては、ほぼ同じような気もしますね。
　となると、領収書が必要な理由がよくわからない…ということになるかもしれませんが、依然として企業の経費にするためには、領収書が求められます。
　実は、レシートは消費税の仕入控除を受けるための要件を満たしていないものが多いのです。特に「書類の交付を受ける当該事業者の氏名又は名称」が明示されないものがほとんどですから、領収書の発行が求められるのです。
　「こんな領収書ならレシートのほうがまし！」と思われないような、きちんとした領収書が発行できることは飲食店の基本ではないかと思います。（現に、繁盛店や一流の店などは完璧な領収書が出てくることが多いような気がします）

第3章

労務編

飲食業では、調理人やサービススタッフなどの質は
店の評判を決める重要なファクターの1つです。
しかし、労務に関する知識が乏しかったり、
管理がずさんであったりする店も見受けられます。
人と人との信頼関係は重要ですから、
労務関係の失敗は避けたいところですね。

事例 34

労働保険・社会保険の加入について

　飲食店を始めたばかりで、従業員が少ないので労働保険や社会保険への加入を特に考えておりませんでした。

　先日、従業員から「国民年金よりも、将来の年金の受給額を考えますと、できれば厚生年金に加入したい」との相談を受けました。労働保険や社会保険に加入すると会社の負担も増えることになりますし、また同業者に確認した所、社会保険も労働保険も加入していない会社もありますので、加入は見合わせたいと思っていたのですが、社会保険労務士から

　「労働保険と社会保険は必ず加入して下さい」
と指摘されました。

失敗のポイント

会社の場合は、労働保険と社会保険は、任意加入でなく原則は強制加入です。

ちなみに労働保険とは、「労災保険」と「雇用保険」の総称で、「労災保険」は従業員が業務上で事故や災害にあった場合に、その従業員や遺族に補償をするもので、「雇用保険」は従業員が失業した場合に失業給付金を受ける事ができ、また要件を満たしますと各種助成金を受ける事もできます。労働者（パート、アルバイト含む）を1人でも雇っている場合には、労働保険に加入する義務があります。

また社会保険とは、「健康保険」、「厚生年金」及び「介護保険（40歳以上65歳未満）」を言い、会社に1人でも勤務しているのならば原則は、加入しなければなりません。会社に社長1人しかいらっしゃらない場合でも、社会保険には加入する義務があります。

〈事例34〉労働保険・社会保険の加入について

正しい処理

1. 労働保険に加入するには

労災保険

対象者	正社員、アルバイト等の形態にかかわらず、労働の対価として賃金をうける全ての従業員
提出先	管轄の労働基準監督署
必要書類	労働保険概算保険料申告書 保険関係成立届
期限	保険関係が成立した日から10日以内
保険負担	全額会社負担

雇用保険

対象者	1週間の所定労働時間が20時間以上であり、31日以上の雇用見込がある従業員
提出先	管轄のハローワーク（公共職業安定所）
必要書類	雇用保険適用事業所設置届 雇用保険被保険者資格取得届
期限	設置の日から10日以内
保険負担	一般には、会社負担が9.5／1,000、従業員負担が6.0／1,000

[ポイント解説]

　昨今の勤務形態の多様化や経済情勢から、パートやアルバイトをする主婦が増えています。飲食業は、主婦のパート先として気楽に選べる職種ですし、店側にとっても気の利いた主婦のパート従業員は貴重な戦力になります。

労働保険は、会社に勤めているのが役員（使用人兼務役員を除く）だけであれば加入義務はありません。

労災保険の加入手続きは「管轄の労働基準監督署」、雇用保険の加入手続きは、「管轄の公共職業安定所（ハローワーク）」と手続きの場所が違いまして、まず労災保険の手続きが完了してから、雇用保険の手続きをします。

2. 社会保険に加入するには

対象者	役員、正社員の他、パート、アルバイトの場合には、所定の労働時間（1日あたりかつ、1ヶ月あたり）が正社員の4分の3以上である場合
提出先	管轄の社会保険事業所 健康保険・厚生年金保険新規適用届 新規適用事業所現状届
必要書類	健康保険・厚生年金保険被保険者資格取得届 健康保険被扶養者（異動）届
期限	資格取得日から原則5日以内（入社したとき）
保険負担	労使折半

そこで、主婦のパート従業員の社会保険などについての注意点を解説します。

パート従業員がサラリーマンの妻などで主婦の場合には、社会保険と源泉所得税の2つの点で注意しなければなりません。

まず社会保険ですが、年間の給与が130万円（月額が約108,330円）を超えた場合には、夫の扶養から外れて、パート従業員自身で社会保険に加入する必要があります。

また「正しい処理」に記載した通り、「労働時間、労働日数が正社員の4分の3以上である場合」には、雇用形態がパートであったとしても会社の社会保険に加入する必要があります。

　次に、源泉所得税ですが、年間の収入が103万円以下である場合には、夫の扶養に入り、配偶者控除を受けることができます（103万円超141万円以下で、かつ夫の所得が1,000万円以下である場合には配偶者特別控除の適用があります）。ただし、最近では「配偶者控除」についての見直しが検討されております。

　パート従業員の場合、年末や月末に調整をして、収入が扶養から外れないように収入を調整するケースもあります。実はパート従業員の収入調整って、奥深いものがあります。

　これまでご説明した源泉所得税や社会保険だけの問題ではなく、たとえば配偶者控除の対象となる妻がいると夫に扶養手当を出す会社もあります（あくまでも会社によりますが）。

　そうなると、うっかり130万円を超えて働いてしまったが故に、社会保険料をパートの収入の中から支払うことになった、夫の配偶者控除が受けられなくなった、さらに夫の扶養手当がカットされた、結局家族全体の手取りが大幅なマイナスに！なんて問題が起きるかもしれません。

　こうしたことにも目配りができる飲食店でありたいですね。

外国人従業員を雇う場合

　外国人に日本語を教える日本語学校の先生が書いた本「日本人の知らない日本語」によると、外国人は飲食店の洗い場でアルバイトをするケースが多いようで、「カレー店でカレーを入れる容器」「鍋料理を取るための取り鉢」といった、彼らがよく目にするものを日本語で何というのか聞かれた、というエピソードが載っていました。でもこれって、日本人でも即答できないですよね?!（ちなみに「グレービーボード」「とんすい」が答えです）

　飲食業では、このように（特に洗い場スタッフなどで）外国人を雇用する店も結構あります。外国人を雇う場合、「働く資格があるかどうか」をチェックするのが大前提です。パスポートの上陸許可証印などの在留資格や在留期限の欄をチェックしてください。在留資格が「留学」「就学」「家族滞在」の場合は、資格外活動許可証を確認した上で、風俗営業以外のアルバイトなどとして雇えますが、労働時間は留学生の場合、1週間で28時間までという制限があります。

　その際、本人の許可を得た上でコピーを取っておくと、万が一、不法就労の摘発などにあった時でも「資格を確認した」という証拠になります。（外国人を雇う際にわからない点は、「外国人在留総合インフォメーションセンター」などに相談することができます）

　文化の違いから無断欠勤される、といったトラブルもありますので、採用後は、時給や労働時間などの労働条件や仕事内容の確認が重要です。源泉税の天引きを「額面通りに給料が支給されない」と勘違いされることもありますので、給与の仕組みについても一通り説明できるといいですね。（韓国人留学生等、一定の外国人の場合には租税条約の届出を提出することにより、源泉税が免除される場合があります）

　また、日本語でどの程度コミュニケーションがとれるのか、十分に確認することも大事です。

事例 35

従業員との飲食代に交際費等の5,000円基準を適用できるか？

　月に何度か打合せを兼ねて、閉店後に従業員と居酒屋や焼肉店で飲食をしております。

　打合せをした内容や領収書を保存しているので、1人当たり5,000円以下である場合には、交際費の5,000円基準に該当するものとして、交際費等から除いて申告していました。

　かなり気を遣って5,000円以下にするようにしていたのですが、先日、税理士にその事を話したところ、

　「従業員との打合せは5,000円基準に該当しませんよ」
と指摘を受けました。

失敗のポイント ✕

　交際費等から除く事ができる「少額の飲食等の費用」は、得意先や仕入先との飲食で、1人当たり5,000円以下であることや所定の書類の保存が要件（以下「5,000円基準」という）となります。

　5,000円基準に該当すれば、法人税の申告時に交際費等から除外する事ができ、全額損金算入（経費）にする事ができます。ただし「5,000円基準」は、社内の者だけの飲食等の場合には適用できません。

　この会社の場合には、1回あたりの金額を5,000円以下にするなどの工夫をしていたようですから会議費として損金に算入することになるかと思いますが、回数が多すぎる、あるいは金額が大きすぎる場合などは給与の現物支給とみなされる可能性もあります。

　今回の失敗は、5,000円基準を従業員にも適用できると考えた点ですね。

第3章　労務編

> **正しい処理**
>
> 　社内の者のみの飲食等（法人の役員若しくは従業員又はこれらの親族に対する接待等のために支出する飲食費）は、基本的には会議費として損金に算入します。
> 　ただし、打合せの回数が多すぎる、あるいは金額が大きすぎる場合などは給与の現物支給とみなされる可能性があります。
> 　もし給与の現物支給とみなされた場合には、そのみなされた分の源泉税の納付についても考えなくてはいけません。

［ポイント解説］

　そもそも「5,000円基準」とはどういうものなのでしょうか。
　「5,000円基準」とは、得意先や仕入先等との飲食等のために要する費用として支出する金額を飲食等に参加した者の数で除して計算した金額が5,000円以下の費用をいいます。

| 飲食などに要する費用 | ÷ | 参加人数 | ≦ | 5,000円 |

　飲食等に要する費用には、下記の物も合算する必要があります。

【合算すべき費用】
(1) 飲食等のためのテーブルチャージ料、サービス料
(2) 飲食等での飲食後に持ち帰りに要する「お土産代」(寿司詰めや中華料理店で販売されている中華菓子のお土産など)
(3) ゴルフ、観劇、旅行等の催事に際しての飲食等が、一連の行為の一つとして実施される場合の催事費用(例えば、ゴルフ場での昼食代をゴルフ料金と別にしたり、旅行に招待中に提供する昼食代を区別して1人当たり5,000円以下になるかどうかの判断をすることはできません)
(4) 同一の飲食店等で行われた飲食等のように、連続する飲食が一体の行為と認められる場合における分割して支払っている飲食等の費用(例えば、同一の飲食店での飲食において、主食と食後の飲み物・デザートをその店内で場所を変えて別料金で支払っているときの食後の飲み物・デザートの費用は、合算しなければなりません)

ただし、以下の費用は、合算をしないで除外します。

【合算を要しない費用】
(1) 取引先を飲食店等へ送迎するために要したタクシー代等
(2) 飲食店等での接待の際に贈答品として贈る「お土産代」
(3) 一次会と二次会など連続した飲食等の行為が行われていても、それぞれの行為が単独で行われていると認められるとき(例えば、全く別の業態の飲食等を利用しているときなど)には、一次会、二次会などのそれぞれの費用は、合算しないことができます。

　ちなみに、(1)のタクシー代等と(2)のお土産代は、取引先接待等のための飲食費等の金額が1人当たり5,000円以下になるかどうかの計算に当たって合算を要しませんが、それぞれの費用は交際費等に該当します。

（所定の書類の保存）

「5,000円基準」の適用を受けるためには、次に掲げる様な事項を記録した書類を保存していることが必要です。

ただ、決まった様式はないので、税務調査の時に説明のできる資料でさえあれば問題はないでしょう。

一定の書類の保存	
	飲食等があった年月日
	飲食等に参加した得意先、仕入先等の氏名及びその関係
	飲食等に参加した人数
	その費用の金額並びに飲食店等の名称及び所在地
	その参加参考となるべき事項

繰り返しになりますが、これはあくまでも「得意先や仕入先との飲食」の場合であって、従業員を対象としたものではありません。

従業員との打合せ時における飲食代については会議費等として損金算入できますが、金額や回数によっては給与の現物支給とみなされる可能性もあるため、さらに注意が必要です。

column

別れた妻が引き取った子どもは生計を一にしているか？

　離婚後、元妻が引き取った子ども（所得なし）の養育費を負担している男性からの「私と子どもは『生計を一にしている』と考えられるでしょうか？」という質問を受けました。

　離婚に伴う養育費の支払が、扶養義務の履行として、「成人に達するまで」など一定の年齢に限って行われるものである場合には、その支払われている期間については、原則として「生計を一にしている」ものとして扶養控除の対象として差し支えありません。

　この質問を受けたのは丁度年末調整の時期。この男性、我が子が扶養控除の対象になるかどうかが気になっていた様子。

　「毎年、年末調整の時期になると切なくなりそうです」と言っていました。

　そうですね、こういうことは、お金では割り切れません。

〈事例35〉従業員との飲食代に交際費等の5,000円基準を適用できるか？

事例 36

功労社員に対する表彰などによる現物給与課税

　私は都内で法人を設立し、焼肉居酒屋を経営しています。店で扱うお酒や食材は高級なものから安価なものまで取り扱っており、そのような経営戦略が功を奏し幅広い客層から支持を得ています。ただ食材だけではなく接客サービスにも力を入れており、従業員のモチベーションを維持する意味で以下のコンテストを行っておりました。なお、景品は現金ではなく、仕入れたお酒や食材を景品として渡しています。

〇コンテストの内容
　来客されたお客様にアンケート用紙を配り、印象の良かった従業員を１名選んでもらう。

〇景品の内容
　毎月１回、コンテスト優秀者を１人選び表彰し、景品（販売価額で５万円相当のもの）をプレゼ

ントする。

　今期も決算が近づき、顧問税理士と打ち合わせをすることになったのですが、その時に初めて上記のコンテストを行っていたことを話したところ、仕入れた商品をコンテストの景品（景品総額は毎月5万円×12ヶ月で60万円相当のものである）として従業員に与える行為は現物給与に該当し、源泉税を徴収する必要があることを指摘されました。

> **失敗のポイント**
>
> 　給料を直接現金でもらった場合も、その他の物でもらった場合も、結果的に現金5万円分の利益を手にしているのであれば、物でもらった場合でも立派な収入（給与所得）になるのです。一般的に「給料は現金収入のみ」というイメージが強いかと思われますので、給料＝現金収入のみ、という思い込みが、今回の失敗のポイントだと思います。

第3章 労務編

正しい処理

個人については、金銭以外に物や権利や経済的利益を受けた場合には原則として、収入を認識しなければなりません。

本事例の場合、お酒や食材といった「物」で支給を受けています。このように金銭以外の物で支給を受けた場合には、その支給時におけるその物の時価で現物給与の支給を受けたと考えなくてはなりません。それではこの場合における時価とは何かということになりますが、本事例においては、その商品の通常の販売価額で時価を算定することになります。

つまり本事例の場合には、景品として支給した商品の販売価額の総額である60万円（毎月1名5万円）が、給与所得課税の対象になりますので、表彰された人については現金による給与にこの現物給与の金額（5万円）を加算して源泉税を徴収しなければなりません。

［ポイント解説］

1．なぜコンテストの賞品が給与になるのか

「コンテストの賞品を売ってお金にかえることは考えにくいし、どうして給与になるのか？」とお考えの方もいるかもしれませんよね?!

ではなぜ、現金以外のものをもらったことが給与になってしまうのでしょうか。所得税法では、個人の収入金額について以下のように規定しています。

> 「その年分の各種所得の金額の計算上収入金額とすべき金額又は総収入金額に算入すべき金額は、別段の定めがあるものを除き、その年において収入すべき金額(金銭以外の物又は権利その他経済的な利益をもって収入する場合には、その金銭以外の物又は権利その他経済的な利益の価額)とする。」
> (所得税法第36条)

この規定のカッコ書きの部分を見ると、「金銭以外の物又は権利その他経済的な利益をもって収入する場合には、その金銭以外の物又は権利その他経済的な利益の価額」を収入金額とすると規定されています。

つまりこれらの収入金額のうち、役員や使用人が使用者から受ける経済的利益などについては現物給与に該当することから給与所得として課税することになります。

2.経済的利益とは

こうなると、「経済的利益」って何?という疑問がわいてきます。所得税法の中では「経済的利益」について以下のように考えています。

> 法第36条第1項かっこ内に規定する「金銭以外の物又は権利その他経済的な利益」(以下36-50までにおいて「経済的利益」という。)には、次に掲げるような利益が含まれる。
> (1) 物品その他の資産の譲渡を無償又は低い対価で受けた場合におけるその資産のその時における価額又はその価額とその対価の額と

> の差額に相当する利益
>
> ((2)～(5)は省略)
>
> (所得税法基本通達36-15より一部抜粋)

　なんだかわかりづらいですが、おおざっぱに言うと「定価より安い値段（0円、無料も含む）で物をもらったときの定価ともらった値段の差額」といった感じでしょうか。ですから、本事例のように仕入れた商品（本来5万円のもの）を無償で役員や使用人に支給する行為は、経済的利益を供与していることになります。

　なお、本事例は無償（0円）で供与されているので、その商品のその支給時における時価の全額が現物給与の金額ということになります。

　現物給与として支給される物や経済的利益などを、どのように評価するかは、その支給される物などによって異なりますが、そのうち商品、製品等については以下のように規定されています。

> 　使用者が役員又は使用人に対して支給する商品、製品等（有価証券及び食事を除く）の物については、その支給時における次に掲げる価額により評価する。
> (1) 当該物が使用者において通常他に販売するものである場合には、当該使用者の通常の販売価額
> (2) 当該物が使用者において通常他に販売するものでない場合には、当該物の通常売買される価額。ただし、当該物が、役員又は使用人に支給するため使用者が購入したものであり、かつ、その購入時からその支給時までの間にその価額にさして変動がないものであるときは、その購入価額によることができる
>
> (所得税法基本通達36-39)

本事例の場合、現物給与として支給されたものはその役員や使用人に支給するために購入したものではなく、あくまで商品として仕入れた物の一部を支給しているので(2)の評価方法は該当しません。したがって(1)により評価することになるのでその時価は通常の販売価額である60万円（毎月1名5万円 × 12ヶ月 = 60万円）ということになります。
　実は、所得税法基本通達36-23では「一定の要件を満たす現物給与については給与課税しなくてもよい」と規定されていますが、本事例のように仕入れた商品を無償で供与している場合にはその要件に当てはまりませんので通常通り給与課税することになります。

　使用者が役員又は使用人に対し自己の取り扱う商品、製品等（有価証券及び食事を除く。）の値引販売をすることにより供与する経済的利益で、次の要件のいずれにも該当する値引販売により供与するものについては、課税しなくて差し支えない。（昭51直所3-1、直法6-1、直資3-1改正）

(1) 値引販売に係る価額が、使用者の取得価額以上であり、かつ、通常他に販売する価額に比し著しく低い価額（通常他に販売する価額のおおむね70％未満）でないこと。

(2) 値引率が、役員若しくは使用人の全部につき一律に、又はこれらの者の地位、勤続年数等に応じて全体として合理的なバランスが保たれる範囲内の格差を設けて定められていること。

(3) 値引販売をする商品等の数量は、一般の消費者が自己の家事のために通常消費すると認められる程度のものであること。

（所得税法基本通達36-23）

事例 37

残業者に対する夜食代は、給与課税となるのか？

　私が経営しているレストランは24時間営業ですが、人手が足らない時には、勤務時間外まで残業をお願いする場合があり、その時にはレストランの食事（700円程度）を支給しています。

　また深夜勤務者（午後10から翌日午前5時）に対しては、空いた時間に近所のコンビニで好きなものを買ってもらうように毎回金銭で500円を渡しています。

　どちらも残業食事代として会社の損金にするつもりでいたのですが、念のため顧問税理士に確認をしたところ「深夜勤務者に対する金銭での500円支給については、給与の現物支給として所得税の課税対象となります」と指摘を受けました。

失敗のポイント

　会社の都合により残業した社員に対して支給する夜食の現物は、従業員に対する慰労や勤務に伴う実費弁済的な意味で支給するものとして、回数に関係なく現物給与にはなりません。

　ただし、勤務時間が深夜と決まっている深夜勤務者に現金で夜食代を支給する場合には、一定の要件を超えている場合に、給与課税されます。（今回は残念ながら、一定の要件を超えています）

　一定の要件を超えてしまったことも失敗のポイントといえますが、やはり大きなポイントは、会社の都合で残業した社員に対する夜食の支給と、もともと深夜勤務する社員に対する夜食代を同様に考えてしまった点ですね。

> **正しい処理**
>
> 　残業者に対して支給する夜食代（金銭支給しない）は、回数にかかわらず、給与課税されません。従って今回の事例では残業者に対する700円の食事については、非課税となります。
>
> 　しかし、深夜勤務者に毎回支給している500円の金銭の受給については1回の支給額が300円を超えておりますので、給与課税されます。

[ポイント解説]

1．残業者に対する夜食は、原則非課税

　残業をした従業員（通常の勤務時間外に勤務を行った従業員）に対して支給する夜食は、従業員に対して慰労や勤務に伴う実費弁償的な意味で支給するものです。

　つまり「本来は勤務しなくていいが、店（会社）の都合でやむを得ず残業しなければならない」状況で支給される夜食ですので、回数に関係なく現物給与になりません。

　しかし、夜食の支給に代えて、残業飲食代を金銭で支給する場合には、給与課税されます。

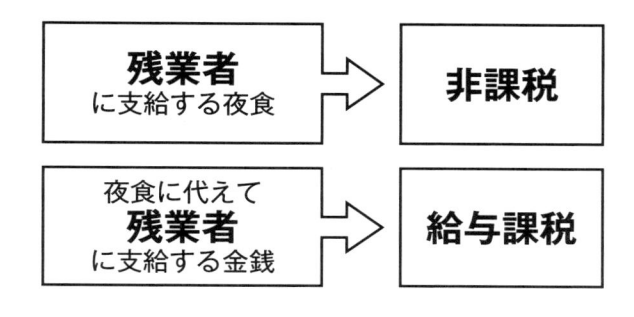

```
┌─────────────────┐      ┌─────────┐
│    残業者       │  ⇒   │  非課税  │
│ に支給する夜食   │      │         │
└─────────────────┘      └─────────┘

┌─────────────────┐      ┌─────────┐
│   夜食に代えて   │      │         │
│    残業者       │  ⇒   │ 給与課税 │
│ に支給する金銭   │      │         │
└─────────────────┘      └─────────┘
```

2．深夜勤務者に夜食代として金銭を支給する場合

　勤務時間が午後10時から翌日午前5時などと決まっている様な、いわゆる深夜勤務者に対して夜食代を金銭支給する場合であっても、原則として夜食代は給与課税されます。

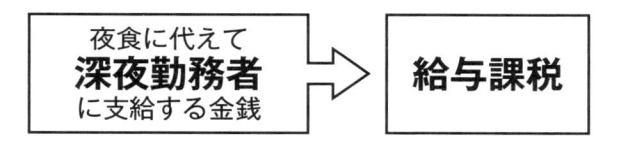

```
┌─────────────────┐      ┌─────────┐
│   夜食に代えて   │      │         │
│   深夜勤務者     │  ⇒   │ 給与課税 │
│ に支給する金銭   │      │         │
└─────────────────┘      └─────────┘
```

　ただし以下のすべての要件に該当する場合には、深夜勤務者の夜食のために支給する金銭は給与課税されず、福利厚生費となります。

（福利厚生費となる場合）

① 使用者が調理施設を有しないことなどにより深夜勤務に伴う夜食を現物で支給することが著しく困難であること。

② その夜食の現物支給に代えて通常の給与及び深夜の割増賃金等に加算して支給するものであること。

③ 勤務1回ごとに定額で支給するものであること。

④ その1回の支給額が300円以下であること。

　※300円を超える場合には、その全額が給与として課税されること

> になりますので、500円を支給する今回の事例では全額が給与課税になります。

　深夜勤務者に対し、夜食の現物支給に代えて現金で支給する場合、勤務1回につき300円までは非課税とされていますが、この夜勤補助金は給与等に該当しますので、消費税の計算上、仕入税額控除の対象とすることはできません。

　また、勤務時間が深夜と決まっている深夜勤務者に夜食（金銭支給しない）を支給する場合でも、その食事の支給による経済的利益の額は、給与課税されますので注意してください。（深夜勤務ではない従業員の残業食事の現物支給とは取り扱いが違います）

　この場合には、「食事の価額の半分以上を負担している事」かつ「使用者の負担した金額が月額3,500円（税抜き）以下であること」の2つの要件を満たす場合には現物給与として扱われません。

　給与として課税されないものであれば、福利厚生費として取り扱われます。

column

まかない料理が思わぬ大ヒット?!

　まかないとは、飲食店においてお客様に出すのではなく、従業員の食事用に作られる料理のことですね。

　お金を取って出す料理ではないので、キャベツの芯などの野菜の切れ端や魚のアラなどを使って安価に作ることが求められます。その一方で、食のプロ（料理専門家）が口にするものであるから、意外と味に妥協が許されないという厳しさもあります。若手の料理人に担当させることが多いようです。

　中には、まかないで作られていた献立がお客様の口に入り、評判となって裏メニューになったり、表メニューとして人気が出るということもあります。

　オムライスや天むす、カレー鍋やつけ麺など、今やおなじみの料理も、もともとは「まかない」だったとか。

　あなたの店にも大ヒットにつながるまかない料理があるかもしれませ

事例 38

内装工事期間中を利用して行った海外慰安旅行に係る費用

　私は居酒屋を営む法人の代表取締役Ａという者です。この度、当社の店舗の内装を大幅に改装するため、約10日間の内装工事を行う事となりました。内装工事の間は店舗の営業を行うこともできないため、ハワイへの慰安旅行（6泊8日）を企画しました。参加者は工事に立ち会うＢを除いた社員全員となり、Ｂには旅行への参加の代わりとして現金で5万円を支給しました。

　帰国後、今回の旅代、100万円（Ａに係る金額20万円、その他の従業員に係る金額80万円）、及びＢへ支払った5万円の合計額105万円を福利厚生費として経費に計上しようと考え、担当の税理士に報告したところ

　「今回の旅行にかかった代金、100万円及びＢさんへの支給額5万円は従業員に対する給与に該当し源泉徴収の必要があります。さらに役員であるＡ様への支出に該当する20万円部分に関して

は経費として計上することもできません」
との回答があり、ハワイでの楽しい思い出も一気に吹き飛ぶ事となりました。

> **失敗のポイント** ✗
>
> この事例のように従業員の慰安を目的としたレクリエーションとして、社員旅行を企画することは様々な企業で一般的に行われている事だと思います。であるからこそ、Ａさんは旅行代金等を課税上の問題なく経費として計上できてしまうと誤解されてしまったようです。
>
> しかし、税法上では社員旅行に関しても一定の要件が設けられています。その一定の要件を満たさない限り、単純に福利厚生費として計上することは出来ませんので注意が必要です。

正しい処理

今回のケースでは福利厚生費と認識していたものが「給与」として取扱われる事となり、税務上の問題点が2点浮上する事となりました。

「役員に対する報酬に該当する部分は一定の要件を満たしていないため経費として計上できない」という点と、「給与として認識された事により源泉徴収及び納付が必要となる」という点です。

また、福利厚生費の取扱いに関しましては、場合によっては上記の2点以外にも交際費との関連性も指摘される可能性があります。

この様に福利厚生費は税務的リスクを多く含む部分でもありますので、より厳密で正確な認識が必要となります。高額な支出がある場合などには、必ず「福利厚生費として取扱って間違いがないのか」の確認を行うことが必要となります。

[ポイント解説]

1.旅行費用の取扱い

社員旅行費用については、その旅行の企画立案、主催者、旅行の目的、規模、行程、従業員等の参加割合等の内容が社会通念上一般的に行われてい

るものであり、次の（イ）（ロ）の要件を満たす場合には福利厚生費として経費に計上する事が可能です。

（イ）全従業員の半数以上が参加すること
（ロ）旅行期間が4泊5日（目的地が海外の場合には、現地における滞在日数によります）

　当たり前かもしれませんが、役員又は使用人が個人的に行う旅行費用を法人が支払った場合には上記の取扱いを行うことはできず、役員又は使用人に対する給与として課税対象となります。
　今回の事例では、6泊8日と旅行期間が長いため、福利厚生費にすることはできません。旅行参加者に対する経済的利益を供与した、ということで給与とみなされます。当然、源泉所得税も課税されます。
　また、社長であるＡさんの旅行代金については、役員報酬として認められる要件（「定期同額給与」「事前確定届出給与」又は「利益連動給与」のいずれか）に該当しませんので、法人税の計算上、損金に参入することもできないのです。

2.不参加者に対して支出した金銭の取扱い
(1) 業務の必要上、不参加となる場合（今回のケース）
　　　不参加者に対して支出した金銭は、その不参加者に対する給与として取扱われる事となります。

(2) 自らの意志で不参加となる場合
　　　不参加者に対して支出した金銭はその不参加者に対する給与として

取扱われる事となります。

　また、自らの意志で不参加となった者に対して金銭を交付する場合には、旅行に参加する事と、旅行に参加せずに金銭の交付を受ける事との選択が可能という事になりますので旅行に参加した者に対しても、その支給を受ける金銭の額に相当する給与の支給があったものとされます。

まとめ

不参加の理由	取扱い
業務の必要上	不参加者に対して支出した金銭はその不参加者に対する給与として取扱われる事となります。 参加者に関しては課税の必要はありません。
自らの意志	不参加者に対して支出した金銭はその不参加者に対する給与として取扱われる事となります。また、自らの意志で不参加となった者に対して金銭を交付する場合には、旅行に参加する事と、旅行に参加せずに金銭の交付を受ける事との選択が可能という事になりますので旅行に参加した者に対しても、その支給を受ける金銭の額に相当する給与の支給があったものとされます。

column

レジャー外出にはご用心?!

　ベテランの税務調査員は、ちょっとした会社の様子や雑談から、税務的な課題を洗い出すといいます。
　これはある人から聞いた話ですが、あるベテランの税務調査官が社長室にあった魚拓を見てこんな話をしたそうです。

調査官「社長、あの魚拓は何ですか？」
　社長「あれは私が釣った魚の魚拓です」
調査官「すばらしいですね、なんて言う魚ですか？」
　社長「あれは海で釣れる魚で…（一通り雑学と自慢を披露）」
調査官「こんなに大きな魚、いったいどこで釣ったんですか？」
　社長「（すっかり気をよくして）A県のB浜というところですよ」
調査官「なるほど、よく行かれるんですか？」
　社長「ええ、時間が許せば毎週末出かけています」
調査官「ということは、この土日に出てくる高速道路の使用料はB浜への
　　　　釣りに行ったときのものですね」
　社長「?!」

　もちろん、社長のレジャー外出の交通費は会計上も税法上も、損金には算入されませんよ！（当然?!）

〈事例38〉内装工事期間中を利用して行った海外慰安旅行に係る費用

事例 39

従業員への決算賞与が認められなかった事例

　弊社は飲食店業を営む３月決算の法人ですが、今期の業績が好調であったこともあり、決算期末後の４月上旬に法人税を試算したところ、多額の納税が発生することがわかりました。そこで、従業員へ決算賞与という形で賞与を支給し、会社の利益を従業員へ還元することとしました。

　３月末日付けで賞与の額面金額を未払金として会計処理し、５月10日に従業員へ支給しました。その後税務調査が入ったときに

　「この決算賞与については損金算入の要件を満たしていないため、損金算入が認められず、法人税の追徴税額が生じる」旨の指摘を受けてしまいました。

失敗のポイント

　決算賞与は、業績好調だったときによく支払われるものなので、あまり深く考えずに支払われたのかもしれませんね。実は、事例のケースでは、2点の問題点があります。

　1点目は、決算賞与を支給することを事業年度の末日後に決定しているところ。2点目は、賞与の支給日にあります。（詳しくは「正しい処理」と「ポイント解説」で述べます）

　未払の決算賞与を損金として処理するためには、一定の要件を満たすことが重要です。この要件を認識していなかったことが、今回の失敗のポイントです。

正しい処理

　この事例で、未払の決算賞与を第3期の損金に算入するには、まず、その事業年度末（第3期の3月末日）までに決算賞与を支給することを全従業員へ通知します。

　その上で、第3期の決算で「決算賞与」を未払金として会計処理し、翌事業年度（第4期）の4月30日までにその通知した金額を全従業員へ支給してください。

　注意したいのは、事業年度末日までに通知する必要があることです。事例の法人の場合には、事業年度の見通しや試算の時期を早めにする等の対応が必要でした。

　ちなみにこの事例のように、期末までに通知もせず、事業年度末から1ヶ月以上たって決算賞与を支払った場合、支給をした5月10日を含む期（第4期）の損金として処理することになります。

[ポイント解説]

　未払の決算賞与をその期の損金に算入するためには、2つの要件を満たさなければいけません。法律上は次のように規定されています。
　次に掲げる要件のすべてを満たす賞与については、「使用人にその支給額の通知をした日の属する事業年度」の損金の額に算入します。

(1) その支給額を、各人別に、かつ、同時期に支給を受けるすべての使用人に対して通知をしていること。
　（注1）　法人が支給日に在職する使用人のみに賞与を支給することとしている場合のその支給額の通知は、ここでいう「通知」には該当しません。
　（注2）　法人が、その使用人に対する賞与の支給について、いわゆるパートタイマー又は臨時雇い等の身分で雇用している者（雇用関係が継続的なものであって、他の使用人と同様に賞与の支給の対象としている者を除きます）とその他の使用人を区分している場合には、その区分ごとに支給額の通知を行ったかどうかを判定することができます。
(2) (1)の通知をした金額を通知したすべての使用人に対しその通知した日の属する事業年度終了の日の翌日から1ヶ月以内に支払っていること。
(3) その支給額につき(1)の通知をした日の属する事業年度において損金経理をしていること。

　つまり、
1.期末までに、従業員ごとの支給額を明示して通知すること

2.期末から1ヶ月以内に通知した金額を支払っていること
3.決算処理で決算賞与の金額を損金経理していること
の3要件を満たしてはじめて、未払の決算賞与をその期の損金にすることができるのです。

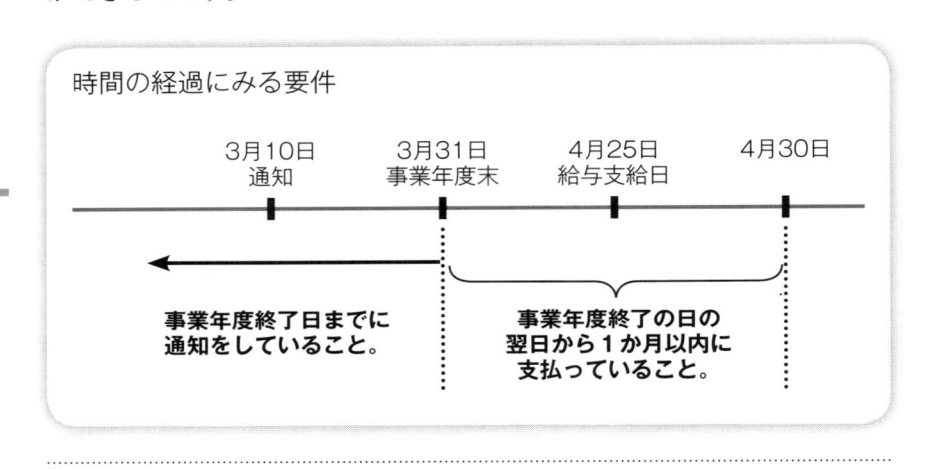

```
時間の経過にみる要件

       3月10日    3月31日    4月25日    4月30日
        通知     事業年度末   給与支給日
   ────┼────────┼────────┼────────┼────
        ←──────────────┤        
       事業年度終了日までに    事業年度終了の日の
       通知をしていること。   翌日から1か月以内に
                          支払っていること。
```

column

帳票類は整理して保存すべし！

　領収書や請求書等の帳票類を整理して保存することは、税務調査でプラスに働くことが多いような気がします。（中小の店では、特に）
　調査官も人間ですから、きちんと整理された帳票を突合するのと、どこに何があるのかわからないような帳票を突合するのでは、印象（イライラ度）がガラリと変わります。さらに、整理された帳票を突合している調査官に税理士が「この規模の店でこれだけ帳票をきちんと管理している店ってあまりないでしょう？」なんてささやいたりするわけです（笑）。帳票の整理は、日頃の経理処理に役立つだけでなく、税務調査にも思わぬ力を発揮しますよ。

〈事例39〉従業員への決算賞与が認められなかった事例

事例 40

従業員が変動する場合における源泉所得税の納期の特例

ディナーショーを催すレストランを経営しております。

通常の従業員の人数は8人ですので、源泉所得税の納期の特例を受けており、半期に一度、源泉所得税を納めております。

昨年はディナーショーが重なり、通常の人数では間に合いそうにないため、11月から臨時的にアルバイトを7人雇う事にしました。ところが、その臨時アルバイトのうち4人が、次の夏のイベント（今年7月）までアルバイトの継続を申し出てきたため、引き続き4人をアルバイトとして雇いました。

この4人も、7月いっぱいまでの契約で以後の更新はしないことになっており、当店ではこの4人は通常の従業員とは別の臨時雇いとしてカウントしておりました。

ですから、納期の特例の要件である10人を一

時的に超えてしまいましたが、アルバイトはあくまでも臨時雇いにすぎないと考え、納期の特例は取り下げませんでした。

今年に入り、税理士に1月から6月までの源泉税の計算を依頼したところ、

「御社の場合、アルバイト4人が継続になったときから毎月源泉税を納付すべきでした。源泉税の延滞税がかかるかもしれません」

との指摘を受けました。

> **失敗のポイント**
>
> 源泉所得税の納期の特例を選択する場合の人数の考え方は、常時10人未満であるかどうかで考えますので、繁忙時期に一時的に10人以上であったとしても問題はありません。
>
> ただし、一時的に増やすつもりが、そのままの人数で6月まで経過してしまった場合は、さかのぼって11月から従業員は10人を超えているので、毎月納付をすべきだったと考えられ、延滞税が課される可能性があります。

正しい処理

この事例の場合、昨年11月以降に常時12人となった、という形になります。その時点で納期の特例は廃止になり、12月10日までに7月～11月分の源泉所得税を納めなければなりません。

その後は、毎月翌月10日までに納付する事になります。（なお、これらの納付期限が日曜日、祝日などの休日や土曜日に当たる場合には、その休日明けの日が納付期限となります）

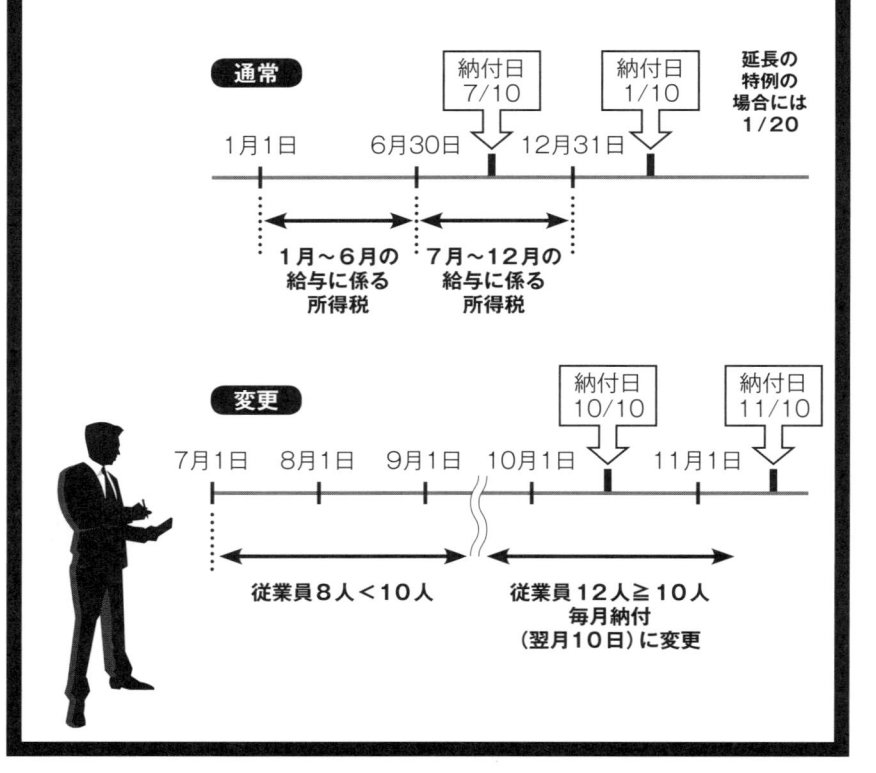

通常

納付日 7/10
納付日 1/10
延長の特例の場合には 1/20

1月1日　6月30日　12月31日

1月～6月の給与に係る所得税　7月～12月の給与に係る所得税

変更

納付日 10/10
納付日 11/10

7月1日　8月1日　9月1日　10月1日　11月1日

従業員8人＜10人　　従業員12人≧10人 毎月納付（翌月10日）に変更

[ポイント解説]

1.源泉所得税の納期の特例　非対象所得

　源泉所得税の納期の特例は、給与や退職金に係る源泉所得税の他に、税理士、弁護士、司法書士からの、報酬に係る源泉所得税についても適用を受けることができます。

　ただしディナーショーの歌手や演出家に支払う報酬に係る源泉所得税については、納期の特例は適用されず、支払った月の翌月10日までに納付しなければなりませんので注意してください。

源泉所得税の特例 【対象所得】	源泉所得税の納期の特例 【非対象所得】
給与及び退職金	利子及び配当
弁護士、司法書士、土地家屋調査士、公認会計士、税理士、社会保険労務士、弁理士、海事代理士、測量士、建築士、不動産鑑定士、技術士、経理士等 に払った 「所得税法第204条第1項2号」に掲げる報酬料金	デザイン、プロスポーツ選手、ホステスの報酬など 左記 「所得税法第204条第1項2号」以外の報酬・料金
1月と7月の年2回納付	毎月納付

2.源泉所得税の不納付加算税制度の不適用

　納付に係る法定納期限の属する月の前月の末日から起算して1年前の日までの間に法定納期限が到来する源泉所得税について、下記の図の①、②に該当する場合には、法定納期限までに納付する意思があったと認め、法

定納期限から1ヶ月を経過する日までに納付されるものについては、不納付加算税は課されません。

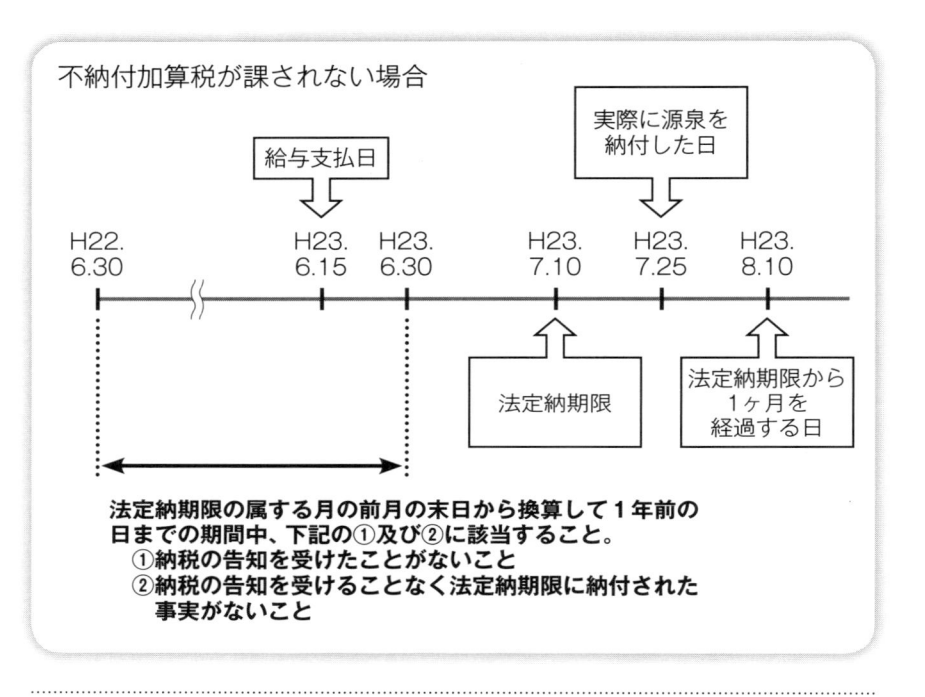

```
不納付加算税が課されない場合

                          実際に源泉を
          給与支払日        納付した日
            ↓               ↓
  H22.    H23.  H23.    H23.  H23.  H23.
  6.30    6.15  6.30    7.10  7.25  8.10
  ├─ ∽ ─┼───┼───┼───┼───┼───┤
                          ↑         ↑
                        法定納期限   法定納期限から
                                   1ヶ月を
                                   経過する日

  ←──────────────────→
  法定納期限の属する月の前月の末日から換算して1年前の
  日までの期間中、下記の①及び②に該当すること。
  ①納税の告知を受けたことがないこと
  ②納税の告知を受けることなく法定納期限に納付された
   事実がないこと
```

もうワンポイント ▶▶▶ 預かり源泉税の処理の基本

　従業員に給与を支払った際に天引きした（＝店が預かった）源泉所得税は、原則として預かった月の翌月10日までに税務署に支払わなくてはなりません。

　しかし、従業員が少ない小さな店などにとって、毎月源泉税を納める事務手続きは意外と手間がかかります。

　そこで、「源泉所得税の納期の特例の承認に関する申請書兼納期の特例適用者に係る納期限の特例に関する届出」（以下「納期の特例」という）を税務署に提出すると、常時9人以下の会社は、その年の1月～6月までに源泉徴

収した所得税は、7月10日までに、7月～12月までに源泉徴収した所得税は翌年1月20日までが、納期限になります。

　なお、納期の特例を受けていても、従業員数が常時10人を超えた場合には、「源泉所得税の納期の特例の要件に該当しなくなったことの届出書」を提出する必要があります。

事例 41

無断欠勤中の社員をクビにしたとき

　飲食店を営むＡと申します。実は当店の社員のホールスタッフＢ氏が、１週間も無断欠勤を続けておりました。無断欠勤の間は、私や他のスタッフが事情を尋ねるために電話をしたり、メールを送ったりしたのですがいずれも回答がなく、自宅を訪ねても返事がありませんでした。

　これまで真面目に勤めていたスタッフだっただけに、従業員も動揺していました。これ以上休みが続くと他のスタッフのモチベーションにも影響すると考え、８日目も無断欠勤したことを受けて、Ｂ氏の自宅ポストに「再三の出勤の督促にも応じなかったため、本日付で解雇する」旨の解雇通知書を入れてきました。

　数日後、店にはＢ氏から「１ヶ月分の解雇予告手当を支払うよう要求する」といった内容証明郵便が届きました。慌てて顧問税理士（司法書士と連携している）に相談したところ、

　「解雇予告は30日以上前に出さないと解雇予告手当が必要になりそうです」と指摘されました。

また、当社に就業規則がないことも問題であると言われました。

> **失敗のポイント** ✕
>
> 労働基準法の規定により、労働者を解雇しようとする場合は、少なくとも30日以上前に予告するか、30日分以上の平均賃金を支払わなければなりません。またＡさんは就業規則を作っていない、ということですので、8日間の無断欠勤で解雇すること自体にも問題がありそうです。様々な問題が絡んでいることが多いと思いますが、本日付で解雇する旨の解雇予告を出したことは失敗のポイントの1つであると考えられます。

正しい処理

　労働基準法では、解雇について次のように規定されています。

1. 使用者は、労働者を解雇しようとする場合においては、少なくとも三十日前にその予告をしなければならない。三十日前に予告をしない使用者は、三十日分以上の平均賃金を支払わなければならない。但し、天災事変その他やむを得ない事由のために事業の継続が不可能となった場合又は労働者の責に帰すべき事由に基いて解雇する場合においては、この限りでない。
2. 前項の予告の日数は、一日について平均賃金を支払った場合においては、その日数を短縮することができる。（労働基準法第20条）

　Aさんとしては、8日間も無断欠勤したのだから「労働者の責に帰すべき事由に基いて解雇する場合」になるのではないか、と判断したのかもしれません。

　しかし、労働者の責に帰すべき無断欠勤日数は、目安として「2週間以上正当な理由なく無断欠勤し、出勤の督促に応じない場合」とされています。（昭和23年基発1637

号、昭和31年基発111号)

　ただし、就業規則にこれより短い無断欠勤日数で解雇できる定めがあれば、就業規則に従います。Aさんの場合、就業規則を作っていなかったため、8日間の無断欠勤では「労働者の責に帰すべき事由」にはならない可能性が高いといえます。

　また、たとえ労働者の責に帰すべき事由での解雇であったとしても、30日以上前に解雇予告をしない場合は、解雇予告手当が必要となります。

　解雇予告手当の最低額は、次のような算式で計算します。

平均賃金(※)×(30日－実際の解雇予告期間)＝解雇予告手当

(※)「平均賃金」とは、原則として事由の発生した日以前3ヶ月間に、その労働者に支払われた賃金の総額を、その期間の総日数(暦日数)で除した金額です。

　平均賃金の計算上、賃金の総額には通勤手当、精皆勤手当、年次有給休暇の賃金、通勤定期券代及び昼食料補助等も含まれます。また、現実に支払われた賃金だけでなく、賃金の支払いが遅れているような場合は、未払い賃金も含めて計算されます。ベースアップが確定している場合も算入し、6ヶ月通勤定期なども1ヶ月ごとに支払われたものと見なして算定します。

　ただし、賞与(3ヶ月に1回以上支払われる賞与は除く)、結婚手当や疾病手当など臨時に支払われたものな

ど、一定のものは除外されます。

[解雇予告手当の金額]
（例）3月31日付けで労働者を解雇するのに、3月20日に解雇通告をした場合
　　・賃金締切日は毎月15日
　　・過去3ヶ月の賃金…締切がある場合締切日ごとに、通勤手当、皆勤手当、時間外手当など諸手当を含み税金などの控除をする前の額

（賃金総額の一覧）

期間	月分	日数	賃金の額
12月16日～1月15日	1月分	31日	328,000円
1月16日～2月15日	2月分	31日	289,400円
2月16日～3月15日	3月分	28日	278,920円
合計		90日	896,320円

[平均賃金の計算]
賃金総額
896,320円÷90日＝9,959円111…
　→　平均賃金（銭未満を切捨て）
　　　9,959円11銭

※ なお、これは原則の計算であり、賃金が日額や出来高給で決められ労働日数が少ない場合、総額を労働日数で除した６割に当たる額が高い場合はその額を適用。（最低保障）

[解雇予告手当の支払い]
　解雇予告期間３０日以上であるから、予告期間が１１日しかないため、１９日以上の手当を支払う。
９，９５９．１１円×（３０日－１１日）＝１８９，２２３．０９円（円未満の端数は四捨五入）
→　この場合、１８９，２２３円以上の解雇予告手当を通告と同時に支払うこととなる。

（出典：神奈川労働局　労働基準部ＨＰより）

　解雇予告手当は退職所得として取り扱います。給与所得の源泉徴収や労働保険料（労災・雇用）、社会保険料の対象としないように注意してください。

[ポイント解説]

　この事例の場合、解雇予告手当の支払いを求められただけでしたが、最悪の場合は解雇の無効を訴えられてもおかしくない状況だったことを解説します。

　無断欠勤を理由とする解雇の場合、次の点が問題となります。(単に無断欠勤したからといって、解雇が有効と認められるわけではありません)

(1) 就業規則または労働協約上の解雇事由に該当しているか？
(2) 無断欠勤をしたことについて正当な理由があるか？
(3) 欠勤日数、過去の勤務成績、欠勤に至った経緯などからみても、情状酌量の余地がないか？
(4) 会社が再三にわたり本人に注意をしてもなお改めなかったか？
(5) 出勤の督促に応じなかったか？
(6) 他の従業員の出勤成績と比較して著しく劣っているか？

　まず(1)については、「正しい処理」で解説したとおり、就業規則がない場合、「従業員の責に帰することができる」日数の目安は14日程度ですので、8日では解雇事由にあたるほどの無断欠勤日数だったのか、疑問が残ります。
　(2)については、たとえばその欠勤理由が(あまりいい例えではありませんが)事故に巻き込まれて大けがを負い、意識不明の状態で入院していたなどといった事情だった場合は解雇することは難しいでしょう。
　(3)、(4)、(6)については、B氏はこれまで真面目に働いてきたが最近になって突然、無断欠勤したということを考えると、もっと話し合う余地はありそうです。

(5)については実際に何度も出勤の督促を行っていたとのことですが、万一の場合に備えて、督促を行った日と時間、督促をした人などを記録しておいたほうがよいでしょう。

　こうしたことから、「無断欠勤を理由に解雇することは難しい」ということを認識して下さい。

　ただ、この事例で心配なのは、今まで真面目に働いてきたB氏が突然無断欠勤をし、さらに解雇無効を訴えてもおかしくない状況であるにも関わらず、解雇を受け入れて解雇予告手当の請求をしてきたことです。

　B氏のプライベートな問題なのか、それとも店側の労働環境や職場の人間関係に重大な問題があるのか―もし後者であるならば、早急に職場環境を改善しなければ、第二第三のB氏が出てくる可能性があります。

　これを機に、職場環境をチェックすることも、重要なポイントになります。

事例 42 従業員から未払い残業代を請求された

　居酒屋を経営しているＡと申します。当社は社員への給与支払いに年俸制を採用しており、毎月の給与に残業代を含んで支払っております。社員採用時には、年俸額には残業代が含まれていることを全員に伝え、納得してもらった上で雇用契約を結んでおります。

　先日、ある社員が退職したのですが、その数日後、「未払いの残業代50万円を支払って欲しい」との内容証明郵便が届きました。
　驚いて税理士に相談したところ、
　「給与明細に基本給の記載しかありませんね。タイムカードの記録からも、残業代の請求金額は適正だと思います」と指摘されました。
　残業代は給与に入っていると言ってあったはずなのに、どうして残業代を支払わなければいけないのでしょうか。

失敗のポイント ✗

　Aさんの会社のように、年俸制などを採用し、給与の一部を固定の残業代として支払うこと自体は、最低賃金法に抵触しない限り違法ではありません。

　しかし、固定残業代の総額が割り増し残業代の総額を超える場合には、その超えた分を残業代として支払わなければなりません。

　また、給与明細等によりその固定残業代分が明示されていない場合には、結果として残業代は支払っていないと判断される可能性があります。

> **正しい処理**
>
> まず、給与明細に基本給と固定残業代の金額を明示すべきでした。
>
> その上で、実際に残業した時間に対する残業代が固定残業代を超えるようならば残業代を支払う、といったことが原則になります。
>
> ただ、このようにすでに退職した社員が請求をしてきた場合は、速やかに本人と話し合いの場を持ち、お互いが納得する残業代を速やかに支払うことが重要です。その席上で、今後、残業対策を施すことも伝えておきましょう。（労働基準監督署に駆け込まれた場合、全社員に対して未払い残業代を支払う、ということにもなりかねませんので、慎重に対応してください）

[ポイント解説]

近年、未払い残業代を請求する事例が増えています。そうであるにも関わらず、特に中小の飲食店等では、未払い残業代請求に対する備えが全く出来ていないことも多いのです。

1．未払い残業代が発生する主な原因

主に、以下のようなことが原因として考えられます。

（1）「残業代は出ない」と断った上で残業代を払わない

　　これは明らかに違法です。もし労働基準監督署に訴えられれば、監督官が調査に訪れ、他の社員についても過去の残業代の未払いを支払うよう是正勧告が出される可能性もあります。

（2）時間管理が不適切で、正確な労働時間が把握できない

　　タイムカードの管理がずさんである、といった理由です。

　　労働基準法には「賃金台帳への労働時間数の記入義務」が定められています。また厚生労働省の「労働時間の適正な把握のために使用者が講ずべき措置に関する基準」では「使用者は、労働時間を適正に管理するため、労働者の労働日ごとの始業・終業時刻を確認し、これを記録すること」が求められています。使用者には労働時間管理義務があると考えられていますので、こうした言い訳は通用しないと考えて下さい。

（3）終業時刻にタイムカードを打刻するよう指示した上でサービス残業を行わせている

　　意外と多いのがこのケースです。一見、タイムカードの記録と会社側の主張の整合性がとれているため、油断する経営者もいます。しかし実際には、従業員が毎日つけている日記やメモ、会社のパソコンでの電子メールの送受信時刻、家族への退社を知らせる携帯電話の記録などが証拠として採用され、会社側が敗訴する裁判例が多くありますので注意が必要です。

　　又、この場合には、事業主が労働時間管理を適切に行わなかったことで様々な問題が連鎖的に起こる可能性もあります。

（4）管理監督者に該当するので残業代を支払わない

　大手ファーストフード店で問題になり、訴訟にまで発展したことをご記憶の方、多いのではないでしょうか。争点は「店長」が「管理監督者」に該当するかどうかという点でした。労働基準法では「事業の種類にかかわらず監督若しくは管理の地位にある者又は機密の事務を取り扱う者」については、残業代等を支払う対象ではない、と定めているからです。

　管理監督者は「経営と一体的な立場にある」ことが要件とされていますが、裁判では「（原告の）職務、権限は店舗内に限られ、待遇などの観点からも管理監督者に当たるとは言えない」と指摘、残業代を支払う必要があった、とされました。自社の基準では管理職でも、法律上管理監督者と認められなければ、残業代は発生します。

（5）年俸制などを採用し、給与には残業代が含まれている

　この事例のAさんのようなパターンです。繰り返しになりますが、こうした場合には、給与明細等に基本給と固定残業代を明示し、実際に残業した時間に対する残業代が固定残業代を超えるようならば残業代を支払うことが原則です。

　とは言うものの、中小の飲食店の場合は労務管理にあまり時間とお金をかけることができないのが現実ではないでしょうか。そこで、社員の残業を管理し、きちんと支払うようにすることを前提に、労働時間の運用を見直し残業代をできるだけ抑えるようにする、残業時間と、残業中の休憩時間を自己申告させるといった、労務管理の手間を減らす工夫も同時に行うことも重要なポイントです。

2. 未払い残業代の会計処理

　未払いの残業代も所得税の源泉対象になりますので、必ず源泉税を徴収してください。未払いの残業代は、実際に支払を行ったときの損金に算入することができます。

　問題なのは、前年以前の未払い残業代があった場合です。所得税の取扱いでは、給与は本来支給すべき日に収入が入ったものとして計算することになっています。前年の年末調整が終わっている場合は再度年末調整をし、その従業員に源泉徴収票を再発行しなければなりません。

　もし従業員の方がその年に確定申告をしていたならば、所得が増えますので修正申告などが必要になります。さらに、所得税が変われば住民税も変わります。パートの方の場合は扶養から外れたり、お子様の保育園の保育料に影響が出る可能性もあります。

　こうした事情があることも伝えて、納得のいく形で解決することが望ましいと思います。

第4章

事業拡大編

個人事業から法人成りする、店舗を増やす、
グループ経営に乗り出す…
店の枠組みが新しくなるときには、
失敗が起こりやすいものです。
知らずにいたり、放置したりすると、
思わぬ損をすることもあるので要注意です。

事例 **43**

法人への移行を考えるタイミング

　私は焼肉店を営む個人事業者でAと申します。開業して6年目、当店は過去最高収益を記録したこと、店舗経営のノーハウも蓄積されてきたことから、2店舗目の出店を検討しています。

　これまでは個人で確定申告を行っていましたが、いい機会なので税理士と顧問契約をしました。税理士との初めての打合せの際に新店舗出店の相談をしようとしたのですが、税理士に

　「Aさんのお店は、個人経営とは思えない程の利益があがっていますね。新店舗出店よりも、まず取り組むべきは法人化ですよ。今後の規模拡大なども考えると、法人化された方が様々なメリットがあると思いますよ」と指摘を受けました。

　これまで法人化しなかったことで、損をしていたかもしれません。

失敗のポイント

　Ａさんは個人で確定申告を行っていたため、税金等の情報に触れる機会があまりなかったようですね。

　個人事業による所得税等の税負担率は法人に係る法人税等の税額とは異なります。この税率の差異により、法人で事業を行うことで節税効果が生じることがあります。特にＡさんの店舗は多大な利益が発生していたことから、早期に法人組織へ移行しておく必要がありました。

正しい処理

　法人成りは、経営上の危険分散ができること、人材採用面で有利に働くこと、経営改善などの推進が容易となること、対外的信用が増大すること等の利点があり、節税効果の面においても様々なメリットがあります。

　法人成りに関しては、税務面だけでなく事業経営面などからも検討を行う必要がありますので、Ａさんは専門知識を有する人への相談を早い段階で行い、綿密な納税シミュレーションを練り上げることも必要でした。

〈事例43〉法人への移行を考えるタイミング

[ポイント解説]

　法人成りによる税務上でのメリットは様々あります。ここでは影響が大きいものを4つ挙げます。

(1) 所得税等の税負担率と法人に係る法人税等の税額との差異

　個人所得税の税率は超過累進税率（課税所得が多額になるほど、税率も高率となっていきます）で、税率の幅は5％～40％となっています。（個人住民税を加えた場合には15％～50％となります。）

　さらに個人事業税は290万円の事業主控除後の金額に対して5％の比例税率（一定の税率。業種によって税率が異なり、飲食店業は5％となっております）で課税されます。

　それに対して、法人税や法人住民税の税率も比例税率ではありますが、事業税も勘案した後の税率は約40％～42％となります。

　この税率差異により法人にて事業を行った方が有利な場合もあります。

所得税の税率表

課税される所得金額	税率	控除額
195万円以下	5％	0円
195万円を超え330万円以下	10％	97,500円
330万円を超え695万円以下	20％	427,500円
695万円を超え900万円以下	23％	636,000円
900万円を超え1,800万円以下	33％	1,536,000円
1,800万円超	40％	2,796,000円

（2）事業所得と給与所得の取扱いの差異

　法人にて事業を行った場合、個人事業では認められなかった経営者（役員）への給与支払いが認められます。

　つまり、法人成りすれば、個人事業時には事業所得として所得税が課税されていた収入が、法人からの給与による収入（＝給与所得）へと転換されることとなります。

　給与所得には給与所得控除が認められています。言い換えれば、給与所得控除額分だけ所得税が課税されなくなりますので、所得税の節税効果が生じることとなります。

給与所得控除一覧

給与等の収入金額 （給与所得の源泉徴収票の支払金額）	給与所得控除額
1,800,000円以下	収入金額×40％ 650,000円に満たない場合には 650,000円
1,800,000円超～ 3,600,000円以下	収入金額×30％＋180,000円
3,600,000円超～ 6,600,000円以下	収入金額×20％＋540,000円
6,600,000円超～ 10,000,000円以下	収入金額×10％＋1,200,000円
10,000,000円超	収入金額×5％＋1,700,000円

（3）所得の分散

　事業により生じた利益を法人に留保することができるようになります。また経営者、経営者の配偶者、子ども等に給与を支給することで、所得を分散することもできます。

（注） 経営者（社長）やその親族（役員）への役員給与は、不相当に高額な部分は経費となりませんので注意が必要です。

(4) 相続税対策

　配偶者や子どもなどに給与を支給することにより、事業により生じた利益が経営者の財産として蓄積されることを軽減することが可能となります。

　その結果、将来の相続発生時における相続財産を減少させることとなりますので、相続税の税額負担を軽減することが可能となります。

　また、相続税対策として、法人新設時の出資額は配偶者や子の出資割合を多くすることが有効となります。

column
法人成りにかかるコスト

　法人成りをすると、税制面などでメリットを受けることが多いのですが、同時にコストがかかることでもあります。

　法人成りに係る主なコストとしては、法人設立に係る費用です。これは個人から新たに法人を設立するわけですから、誰でも一律に係るものです。

　また、利益の有無にかかわらず、税金（地方税均等割）が最低で年7万円かかります。

　役員変更、本店の移転などがあった場合は、その都度登記を変更しなければなりません。これにももちろん、費用がかかります。

　さらに手前味噌になりますが、会計事務所の手数料が個人事業よりも余計にかかることが多いので、こちらもご注意ください。（と、あらかじめ言っておきます）

事例 **44**

法人成りに伴う消費税の取扱い

　私は数店の居酒屋を営む個人事業者のXという者です。私の店舗ではここ数年、堅調に売上を伸ばしていること、個人では取引上の対外的信用度が低いことなどから、この度、法人へ移行することとしました。今回の法人化に伴い、個人で所有していた事業用の厨房設備一式を税込2,000万円で法人に移転することとなりました。

　上記の一連の取引を終了した後に、担当の税理士に報告を行ったところ、担当の税理士は大いに慌て、以下の説明を行いました。

　「何故、その様な大きな取引を行う前に相談をして下さらないのですか。Xさんは今年から、消費税の課税事業者ですよ。法人成りを行うのであれば、免税事業者であった前年のうちに行う必要がありました。新設法人へ移転した資産には消費税がかかってしまいますよ。つまり、Xさんは2,000万円に係る消費税、約95万円の消費税を納めなければなりません」

　確かに担当の税理士からは「今年から消費税を

納めなければならない」と聞いていたのですが、個人事業者を廃止するので関係がないものと思っていました。

　同業者の知人たちからは、「法人成りによって消費税を節税した」という話をよく聞いていたのですが、私は消費税を余計に払うことになってしまったようです。

失敗のポイント

　Xさんは、今まで消費税の免税事業者であったことから、消費税に対する意識が低かったのかもしれませんね。

　法人成りの際には、法人が個人事業者から事業用資産等を引き継ぐ必要があります。事業用資産等の引き継ぎも消費税の課税取引になることを認識していなかったことが失敗のポイントです。さらに事業用資産等の引き継ぎは金額が大きくなりがちなので、消費税額も無視できない金額になります。

〈事例44〉法人成りに伴う消費税の取扱い

> **正しい処理**
>
> 　個人事業者から法人成りをする場合は、消費税にも注意を払う必要があります。つまり、新設法人に備品等を移転する際に個人事業者が消費税の課税事業者であるか、免税事業者であるか等を考慮することが重要です。
> 　また、設立する法人につきましても一定の要件を満たさなければ消費税の納税義務が生じてしまいます。Xさんの様に法人成りなどを検討されている場合には、法人成りのタイミング等について担当の税理士と綿密な打ち合わせが必要です。

［ポイント解説］

1．消費税の課税事業者の判断について

　消費税には免税点が設けられており、基準期間（個人事業者の場合はその年の前々年）の課税売上高が1,000万円以下の事業者は消費税の納税義務が免除されます。（注1）

　この課税売上高は、輸出取引なども含めた消費税の課税取引の総額から返品を受けた金額や売上値引き、売上割戻しなどを差し引いた金額で、消費税額と地方消費税額は含まないこととされています。

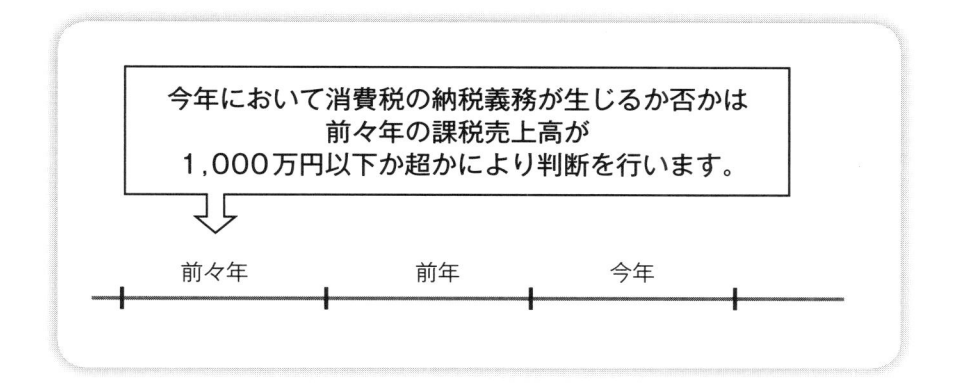

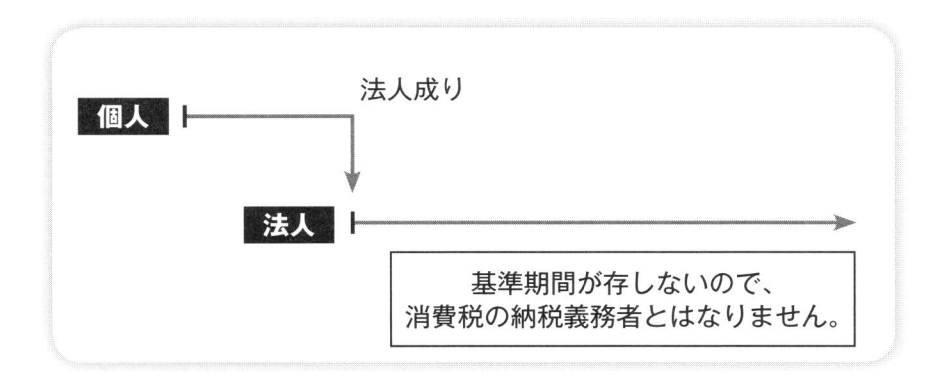

```
┌─────────────────────────────────────────────┐
│   今年において消費税の納税義務が生じるか否かは   │
│           前々年の課税売上高が                │
│     1,000万円以下か超かにより判断を行います。   │
│              ⇩                              │
│   ─────┼─────────┼─────────┼─────────┼──    │
│       前々年        前年         今年         │
└─────────────────────────────────────────────┘

(注1) 平成25年1月1日以後開始する事業年度等からは、基準期間の課税売上高が1,000万円以下である事業者のうち、特定期間(前期の半年間)における課税売上高が1,000万円を超える時は、納税義務の免除はされないこととなりました。

## 2. 法人成りした場合の課税事業者の判定について

　納税義務の有無の判定は、事業者単位で行うこととなりますから、法人成りする前の個人と、法人成り後の法人とは別々に判断することとなります。したがって、法人成りに係る個人事業者の前々年の課税売上高が1,000万円を超える場合であっても、法人成り後の法人が「一定の新設法人」に該当する場合を除き、前々事業年度の課税売上高がありませんので納税義務は生じません。

```
┌─────────────────────────────────────────────┐
│                   法人成り                    │
│   【個人】├──┐                               │
│             │                               │
│             ▼                               │
│           【法人】├──────────────────────▶   │
│                    ┌──────────────────┐     │
│                    │ 基準期間が存しないので、│     │
│                    │ 消費税の納税義務者とはなりません。│
│                    └──────────────────┘     │
└─────────────────────────────────────────────┘
```

〈事例44〉法人成りに伴う消費税の取扱い
```

3.「一定の新設法人」について

　新たに設立された法人については、設立当初の2年間は基準期間が存在しないことから、原則として免税事業者となります。

　ただし、その事業年度開始の日における資本金の額が1,000万円以上である法人の場合は、設立当初の2年間も納税義務は免除されません。

　今回のケースでのXさんは「今年から消費税の課税事業者になる」と言われています。ちょうど2年前の課税売上高が1,000万円超となったのでしょう。そうなると、事業用資産の移転にかかる2,000万円についても、消費税が発生することとなります。

column

本当の「税金対策」とは？

　一般に税金対策というと、「損金処理できる費用をできるだけ多くして、課税所得を少なくすること」という意味で使われることが多いようです。
　しかし、企業の税金対策とはこれだけではありません。
　法人の税金対策は、次のようにその段階に応じて考えることが重要です。

事業以前：会社の資本金額による税金の違いを検討する。
（例）住民税額や交際費を損金に算入できる限度額が、
　　　資本金額によって異なる＝資本金額の検討

▼

**事業段階：損金と認められるものを確実に損金とすることで、
　　　　　法人税を抑える。**

▼

事業承継段階：後継者に係る相続税・贈与税の対策を考える。

　これらのそれぞれの段階において、会社経営にとってもっとも有利となる方法を選択することが、法人の税金対策なのです。
　中には、法律解釈のグレーゾーンばかりを選んで「税金を安くした！」という人もいますが、そればかりではないことを知っておいて下さい。

事例 45

個人事業当時から勤務する従業員に対する退職金について

　個人事業者として飲食店を営んでいましたが、このたび2号店を出店するにあたり、法人成りすることにしました。法人成りするにあたり、従業員にも安心して働いてもらいたいと考え退職金規定を作りたいと思っています。
　従業員の中には、開業間もない頃から働いている者もおり、法人成りした後も主力メンバーとして働いてもらいたいので、個人事業者の頃の勤務期間も加味した形で退職金規定を作ることが望ましいと考えています。またせっかくなので、私（役員）に対する退職給与についても定めるつもりです。
　ところが税理士から、「個人事業主の頃の勤務期間については、法人の損金に算入することが認められない可能性がある」との指摘を受けました。

失敗のポイント ✕

　もし、法人成り後すぐに従業員が退職した場合に、個人事業の頃からの退職金を通算して法人で支払ったときには、個人事業主の肩代わりであるとの考えから、法人の損金として認められない可能性があります。

　また、ここでいう「従業員」には、個人事業主は含まれていないため、個人事業主であった者が退職した場合には、個人事業主の頃の勤務に対応する部分については、法人の損金にすることができません。

正しい処理

　個人事業当時から引き続き在職する従業員の退職により退職金を支給する場合、税務上の取扱いは、法人設立後相当期間を経過していない場合には、個人事業主の肩代わりであるとの考えから、法人の損金として認められない可能性があります。

　「個人事業主の肩代わり」と認められた場合は、個人所得税の最終年分の必要経費となりますが、減額更正（払いすぎた税金を還付してもらう手続き）には期限があります。

〈事例45〉個人事業当時から勤務する従業員に対する退職金について

[ポイント解説]

　個人事業を引き継いで設立された法人が、個人事業当時から引き続き在職する従業員の退職により退職金を支給する場合に、個人営業の頃の在職期間を通算して退職金を支給するということは、一般的に行われているところです。

　とは言うものの、税務上の取扱いは、「法人設立後相当期間を経過していない場合には、個人事業主の肩代わりである」との考えから、法人の損金として認められない可能性があります。

　もし「個人事業主の肩代わり」と認められた場合は、個人所得税の最終年分の必要経費となります。ただし、減額更正（払いすぎた税金を還付してもらう手続き）には期限があるため、注意が必要です。

　設立後すぐに退職した場合に支給した退職金については、法人の損金ではなく個人事業の経費であることについて異論はないと思われます。では、どの程度の期間が経てば法人の損金として認められると思いますか？

　実務的には「概ね3年以上」と考えられています。しかし、概ね3年以上ということが明文規定されているわけではありませんので、3年を超えていたとしても、退職規定の運用状況によっては、法人の損金として認められない可能性がありますので、ご注意下さい。

<参考条文>
（個人事業当時の在職期間に対応する退職給与の損金算入）
　個人事業を引き継いで設立された法人が個人事業当時から引き続き在職する使用人の退職により退職給与を支給した場合において、その退職が設立後相当期間経過後に行われたものであるときは、その支給

した退職給与の額を損金の額に算入する。

(法人税法基本通達9-2-39)

もうワンポイント ▶▶▶ 退職所得の計算方法

　もし退職金を受け取って辞めた従業員がいた場合、退職金は所得税の計算上、「退職所得」という区分で計算することになります。

　退職所得は、原則として他の所得と分離して所得税額を計算します。

　退職手当等の支払の際に「退職所得の受給に関する申告書」を提出している人の場合は、退職手当等の支払者が所得税額を計算し、その退職手当等の支払の際、所得税及び住民税の源泉徴収が行われるため、原則として確定申告は必要ありません。

　一方、「退職所得の受給に関する申告書」の提出がなかった人の場合は、退職手当等の支払金額の20％が源泉徴収されますが、退職所得の受給者本人が確定申告を行うことにより税額の精算をします。

　退職所得は、退職金の金額から、退職する人の勤続年数に応じて計算した退職所得控除額を控除した金額の2分の1の金額に対して税率を乗じて計算します。そのため、受取る個人にとっては、勤続年数が長いほど支払う所得税は少なくなります。

　また、他の者の下において勤務した期間（今回取り上げた事例の個人事業当時）を含めた期間により退職手当等の支払金額の計算をする旨が退職給与規定等において明らかに定められている場合に限り、通算して計算した勤続年数を用いて退職所得控除額の計算をすることができます。

(退職所得の計算方法)

1 所得の計算方法

退職所得の金額は、次のように計算します。

$$\left(\begin{array}{c}\text{収入金額}\\(\text{源泉徴収される前の金額})\end{array} - \begin{array}{c}\text{退職所得}\\\text{控除額}\end{array}\right) \times \frac{1}{2} = \begin{array}{c}\text{退職所得の}\\\text{金額}\end{array}$$

2 退職所得控除額の計算方法

退職所得控除額は、次のように計算します。

退職所得控除額の計算の表

勤続年数(＝A)	退職所得控除額
20年以下	40万円×A (80万円に満たない場合には、80万円)
20年超	800万円＋70万円×(A－20年)

(注1) 障がい者になったことが直接の原因で退職した場合の退職所得控除額は、上記の方法により計算した額に、100万円を加えた金額となります。
(注2) 前年以前に退職所得を受取ったことがあるとき又は同一年中に2か所以上から退職金を受取るときなどは、控除額の計算が異なることがあります。

(例1) 勤続年数が10年3ヶ月の人の場合における退職所得控除額

勤続年数は11年になります。

(端数の3ヶ月は1年に切上げ)

40万円×(勤続年数)＝40万円 ×11年＝440万円

(例2) 勤続年数が30年の人の場合における退職所得控除額

800万円＋70万円 ×(勤続年数－20年)

＝800万円＋70万円×10年＝1,500万円

MEMO

事例46

店舗を増やした場合の均等割の注意点（新店舗設立）

　資本金が300万円で従業員が10人のたい焼き屋を営んでいるCと申します。
　たい焼き屋は原価率が低く、又、狭い場所でも出店が可能であるので、多店舗展開を視野に入れております。
　今期、他県に店舗を出店しました。小さな店構えで支店登記もしていませんが、こちらの支店も業績が好調でした。
　法人税の申告の時期が近づいてきたため、税理士に申告の相談をした後の雑談で、売上が順調ですし来期もアルバイトを増員して、何店舗か出店する予定であることを伝えました。
　税理士からは「今期、他県に出店した支店については本店とは別に法人住民税の均等割を支払わなくてはいけません。来期以降も出店する場所が本店と異なる場所であれば、均等割の金額を計算する必要が出てきます」と指摘を受けました。

登記もしていない小さな支店に税金がかかるなんて思いもしませんでした。

失敗のポイント

　登記をしていないことや小さな店構えであることなどから、支店に対しては何の手当もしなくてよい、と判断してしまったことが失敗のポイントです。
　新たに出店した店が小さな店構えでも、本店と異なる場所に出店した場合には、支店を開設したと考えて、均等割の計算、源泉所得税、償却資産税などについても影響が出ます。

正しい処理

　新たに出店した店が小さな店構えでも、本店と異なる場所に出店した場合には、支店を開設したと考えて、均等割の金額を計算する必要があります。また均等割の他に、源泉所得税、償却資産税などについても影響があります。
　この場合、登記の有無は特に関係ありません。
　多店舗展開の前に、他地域へ出店する場合の税額シミュレーションを税理士等に依頼することも有効な手段といえます。

〈事例46〉店舗を増やした場合の均等割の注意点（新店舗設立）

[ポイント解説]

1.均等割の取扱い

(1) 支店を開設していない場合(本店のみである場合)

　法人住民税の均等割の判定は資本金等の他、従業員数により金額を判定します。その場合の資本金等の金額は、期末の金額で判断します。

資本金等の額	従業員数	市町村民税	道府県民税
1千万円以下	50人以下	5万円	2万円
	50人超	12万円	
1千万円超〜1億円以下	50人以下	2万円	5万円
	50人超	13万円	
1億円超〜10億円以下	50人以下	15万円	13万円
	50人超	16万円	
10億円超〜50億円以下	50人以下	40万円	54万円
	50人超	175万円	
50億円超	50人以下	41万円	80万円
	50人超	300万円	

(2) 支店を開設した場合

　支店の開設した場所により、以下の通り、均等割の計算方法が異なります。

　①本店と支店の都道府県が同じである場合

　　道府県民税(均等割)の金額の変更はありません。

　　　ただし同じ都道府県(均等割)でも、市町村が異なる場合には、市町村民税(均等割)の金額は、増加します。

②本店と支店の都道府県が異なる場合

　道府県民税及び市町村民税の金額の両方が増加します。

　つまり、同一の市町村内に支店がある場合以外は、支店が増えれば均等割も増えます。Ｃさんの会社の場合、他県に出店したとのことですので、道府県民税及び市町村民税両方の金額が増加することになります。

　均等割の計算は、支店を開設した日から事業年度終了日までの月数で月割計算します。

　月数は、支店を開設した日から事業年度終了の日までの月数が1ヶ月未満である場合には、1ヶ月、月数が1ヶ月を超える場合に生じた1ヶ月未満の端数は切り捨てます。

　また市町村の均等割の計算には、従業員数が必要となるため、本店、支店各々の従業員数により判定されます。

　例えば支店の開設日が7月7日で3月決算の法人の場合、支店がある月数は8ヶ月25日ですので、市町村民税（均等割）の税率が5万円とした場合には、5万円×8ヶ月÷12ヶ月≒33,300円（百円未満切捨）が、納付すべき均等割額となります。

2．別店舗に係る届出、その他税金の注意点

(1) 届出書

　本店と別の都道府県や市区町村に新たに支店を開設した場合には、速やかに支店設置の届出書を登記簿謄本の写しを添付して、都道府県及び市区町村に提出する必要があります。

(2) 償却資産税

　償却資産税については、一括して本店で納付を行うのではなく、支店に存在する償却資産に対応する税金は、その所在地の市町村に納付しなけれ

ばなりません。

　そのため償却資産を本店、支店の所在地別に把握し、管理する必要があります。

(3) 源泉所得税

　本店及び支店の給与計算を一括して行っている場合には、その支払事務を取り扱っている事業所の所轄税務署に源泉所得税を納付します。しかし、本店及び各支店ごとに給与計算を行う場合には、給与支払事務所等の開設届を支店ごとに提出しなければなりません。

　また源泉所得税の納付についても個々の本店、支店ごとに納付する必要があります。

(4) 分割基準

　複数の道府県・市町村に事務所又は事業所を設けて事業を行う法人は、分割基準により法人事業税・法人住民税法人割を按分して、関係都道府県・市町村でそれぞれ申告します。

　分割基準は、法人住民税割の場合は、従業員数ですが、法人事業税の場合には、業種によって分割基準が異なります。

MEMO

事例 47

店舗買収における消費税の取扱い

　私は、飲食店業を営む会社の社長をしています。現在2店舗のもつ鍋店を運営しており、2店舗とも業績は好調ですが、季節による影響が大きいので、3店舗目はもつ鍋店ではないお店を出店したいと考えていました。

　ちょうどそんな折に、居酒屋を営むA氏がお店の売却を検討しているという情報を得ました。A氏の店舗は駅近くの立地条件の非常に良い場所にある居酒屋で、現在も業績は好調ですが、A氏が高齢であるため、居酒屋の営業に係る営業権、土地、建物及び債権債務の一切を含めて売却したいとのことでした。

　A氏の提示価格は下記の金額で、大きな出費ではありましたが、立地条件の良さなどを考えると安いと考え、購入することにしました。内容は次の通りです。

[提示価格]

土地	10,500万円
建物	7,350万円
有形固定資産	1,050万円
営業権	2,100万円
支払金額	21,000万円

[会計処理]

資産　　20,000万円　／　現預金　21,000万円
仮払消費税　1,000万円

※税込で21,000万円を課税仕入れの対象としています。

　居酒屋の事業そのものを購入したので、消費税については支払った金額を全額課税仕入れとして処理しました。
　決算をむかえ、税理士にこの件を報告したところ、「店舗買収については、全額が課税仕入れになる訳ではありません」と指摘されました。

失敗のポイント

　土地の売買については消費税法上、非課税とされているため課税仕入れとして計算することができません。この会計処理では、課税仕入れが過大となっています。

　店舗自体を買い取っているので、資産としてひとまとめに処理してしまったことが失敗のポイントかもしれません。税務上はそれぞれの資産を購入したものとして計算しなければならないため、土地、建物、その他の資産、営業権をそれぞれの金額で計上することとなります。

正しい処理

　事業の譲渡は営業に係る資産、負債の一切を含めて譲渡する契約であり、資産の譲渡については、課税資産と非課税資産を一括して譲渡するものと認められますから、その資産を購入する側の処理としては、課税資産と非課税資産の対価の額を合理的に区分して課税仕入れとして処理することになります。

　したがって、今回のケースでは課税仕入れの対象となる金額は、10,500万円（建物7,350万円＋有形固定資産1,050万円＋営業権2,1000万円）となります。土地の10,500万円は非課税であり、課税仕入れに該当しないため消費税の計算には算入しません。

土地	10,500万円	／現預金	21,000万円
建物	7,000万円		
有形固定資産	1,000万円		
のれん	2,000万円		
仮払消費税	500万円		

　土地以外の資産の合計金額10,500万円が課税仕入れの対象となります。

〈事例47〉店舗買収における消費税の取扱い

[ポイント解説]

1.土地の譲渡

　消費税法上、土地の譲渡は非課税とされています。そのため、土地を譲渡しても消費税はかかりません。そのかわり、土地を購入した場合も課税仕入れとすることはできません。

2.建物と土地等を同一の者に対し同時に譲渡した場合の取扱い

　事業者が課税資産と課税資産以外の資産とを同一の者に対して同時に譲渡した場合には、課税資産の譲渡の対価に相当する部分のみが課税対象となることから、それぞれの資産の譲渡に係る対価の額について合理的な基準（時価按分等）により区分しているときは、その区分した金額がそれぞれの譲渡の対価額となります。また、合理的に区分されていない場合には、これら資産の譲渡の対価額をそれぞれの資産の時価の比により区分することとされています。

　契約当事者が作成した契約書において区分している金額が合理的な基準によったものであれば、その区分した金額によるべきことになりますが、契約書でこのような区分が行われていない場合や、区分している金額が合理的な基準によっていない場合には、時価等の基準によって合理的に区分した金額により課税資産と課税資産以外の資産の対価を計算することになります。

　そのため、課税仕入れを多くしたいために、土地の価格を低くし、建物の価格を多くして契約書を作成した場合においても、その価格が時価等と著しく異なる場合には時価等により計算した金額によることとなります。

column

料理とサービス提供を「仕組み化」するだけでなく…

　大手ファーストフードチェーンのマクドナルド。最初のマクドナルドはマクドナルド兄弟が1940年に始めたものだそうです。「スピード・サービス・システム」のキャッチフレーズ、工場式のハンバーガー製造方法、そしてセルフサービスの仕組みを考えたのもマクドナルド兄弟です。

　しかし、こうした「仕組み」そのものをフランチャイズ化して販売しようと考えた人物がいます。「成功はゴミ箱の中に レイ・クロック自伝 世界一、億万長者を生んだ男―マクドナルド創業者」(プレジデント社、2007年)の著者である、レイ・クロックという人物です。

　「料理やサービス提供の仕組みそのもの」も商品になる、ということが面白いですね。

　ところで、マクドナルドのキャラクターといえばドナルド。黄色、赤、白のカラフルなコスチュームに真っ赤な髪の毛と大きく赤い唇…数年前に「ドナルドの噂」というテレビCMが流れていましたが、何とも不思議なキャラクターですね。

　実は日本で「ドナルド・マクドナルド」と言われているこのキャラクター、アメリカでは「Ronald McDonald」と言うそうです。つまり「ロナルド」。Rの音は日本人になじみが薄かったため、日本では「ドナルド」になったそうです。

事例 48

グループ内での資産譲渡取引について

　私は焼き鳥店を経営するＡ社のオーナー（Ａ社には100％出資）を務めているＸと申します。

　今期、Ａ社にはかなりの利益が見込まれるため、Ａ社の持つビル（簿価3000万円）を、私の父が100％出資しているＢ社（和食店を経営）に2500万円で売却することにしました。これでＡ社の利益を500万円減らすことができ、さらにＡ社には売却代金2500万円も入ってきて、完璧な決算対策ができた、と思っておりました。

　決算を迎え、顧問税理士にビル売却の旨を報告したところ、

　「今はグループ間での100％支配グループ内の資産の移転に伴う譲渡損益は、法人税法上繰り延べになります。Ａ社に計上されている売却損500万円は損金に算入できません。」と指摘されました。

　Ａ社とＢ社の間には資本関係がなく、グループ内法人になるなんて思ってもいませんでした。また、これまではグループ内で資産の売買をしたと

きでも、譲渡損益を認識していたと思うのですが…。

失敗のポイント

　平成22年の税制改正により新設されたグループ法人税制において「100％グループ内企業」とは、直接資本関係のある法人同士にとどまらず、同じオーナーが100％出資する2つの会社や、判定対象となる個人の親族等にあたる個人が所有する企業間においても認められます。従って、Xさんが100％出資するA社と、Xさんのお父様が100％出資するB社との間の取引は、100％グループ法人内の取引と言うことになります。

　またXさんのおっしゃるとおり、これまではグループ内でビル等の譲渡があった場合にはその資産の譲渡損益を計上することになっていました。しかし、グループ法人税制において本件の譲渡損は会計上、認識されますが、法人税法上、繰り延べられることとなります。(法人税の計算上、譲渡損の金額を益金に算入することにより、損益が繰延処理されます。)

　グループ法人税制は、中小企業には関係のない話、とタカをくくっている経営者もいらっしゃいますが、法人の規模にかかわらず適用されます。

　今回の失敗のポイントは、グループ法人税制そのものに対する知識不足が原因かもしれませんね。

> **正しい処理**
>
> 100％支配グループ法人間における建物等の「譲渡損益調整資産」を譲渡した場合の譲渡損益は、法人税法上、繰り延べられます。
> 繰り延べた譲渡損益は、グループ外への譲渡、償却、評価換え、貸倒れ、除却等によって計上されることとなります。

[ポイント解説]

平成22年の税制改正から適用されることとなったグループ法人税制。一見、中小企業には無関係に見えますが、会社の規模に関わらず適用されますので、概要を知っておくことが重要です。

1．100％グループ法人の定義

平成22年に資本に関係する取引等に関する税制が見直され、「支配関係」及び「完全支配関係」の定義について整備されました。

（1）支配関係

支配関係とは、次の2つの関係をいいます。

①当事者間の支配関係
　　一の者（一の法人又は個人をいいます。以下同じです）が他の法人の発行済株式又は出資（以下「発行済株式等」といいます）の50％超を直接又は間接に保有する関係
②法人相互の支配関係
　　一の者との間に上記①の関係（当事者間の支配関係）がある法人間の相互の関係

(2) 完全支配関係
完全支配関係とは、次の2つの関係をいいます。
①当事者間の完全支配関係
　　一の者が法人の発行済株式等の全部を直接又は間接に保有する関係
②法人相互の完全支配関係
　　一の者との間に上記①の関係（当事者間の完全支配関係）がある法人間の相互の関係

※なお、所有割合の判定に当たっては、1) 自己株式を除く、2) 5％未満の従業員持株会所有株式及び役員または使用人のストックオプション行使による所有株式を除く、3) 間接支配を含む、とされています。

文章ではわかりづらいと思いますので、100％グループ内法人に該当するものをいくつか例として挙げてみます。

(1) 親会社であるＡ法人が100％出資してＢ法人を設立
　　この場合、A、B両法人は100％グループ内法人となります。

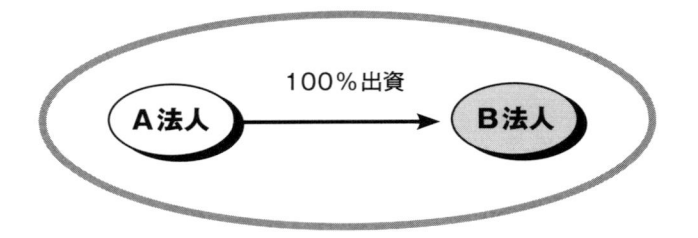

(2) A法人が100％出資してB、Cの2社を設立

この場合、A、B、Cの3法人が100％グループ内法人となります。

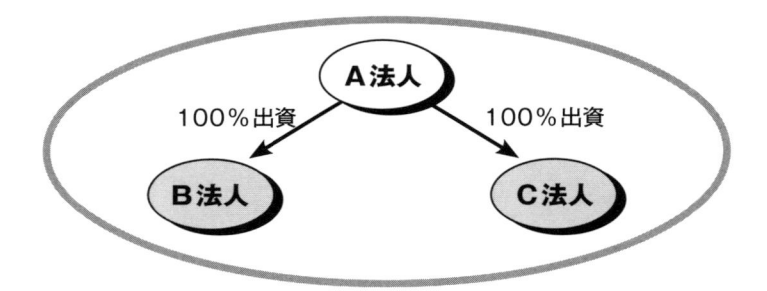

(3) A法人が100％出資してB法人を設立、その後A、B両法人が50％ずつ出資してC法人を設立

この場合、A、B、Cの3法人が100％グループ内法人になります。

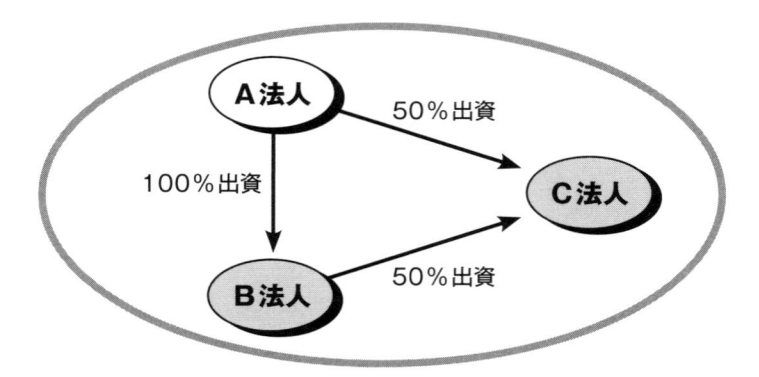

（4）個人Ａがそれぞれ１００％出資してＢ法人、Ｃ法人を設立

この場合、Ｂ法人とＣ法人が、それぞれ100％グループ内法人となります。

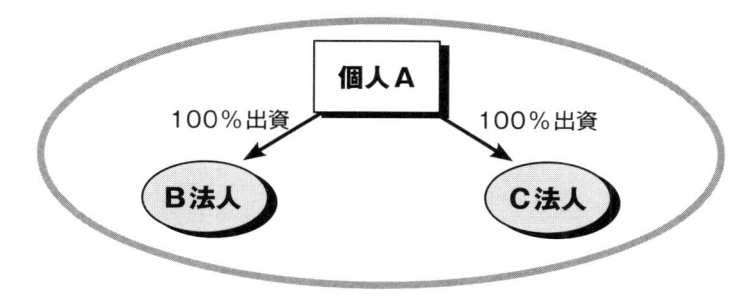

```
        個人Ａ
   100％出資  100％出資
    ↙          ↘
  Ｂ法人       Ｃ法人
```

（5）一定の同族関係者である個人Ａと個人Ｂがそれぞれ出資してＣ法人、Ｄ法人を設立

…Ｃ法人には個人Ａが80％、個人Ｂが20％を出資
…Ｄ法人には個人Ａが70％、個人Ｂが30％を出資
…個人Ａ、個人Ｂは「一定の同族関係」にある

　「一定の同族関係者」の範囲は、法人税法で規定する「同族関係者」と同じで、判定対象となる個人の６親等内の血族、配偶者、３親等内の姻族に加え、事実上婚姻関係にある者など特殊な関係にある個人も含まれます。
　このような条件であった場合、Ｃ法人もＤ法人も個人Ａと個人Ｂにより100％出資されているため、Ｃ法人とＤ法人は100％グループ内法人となり、グループ法人税制が適用されます。

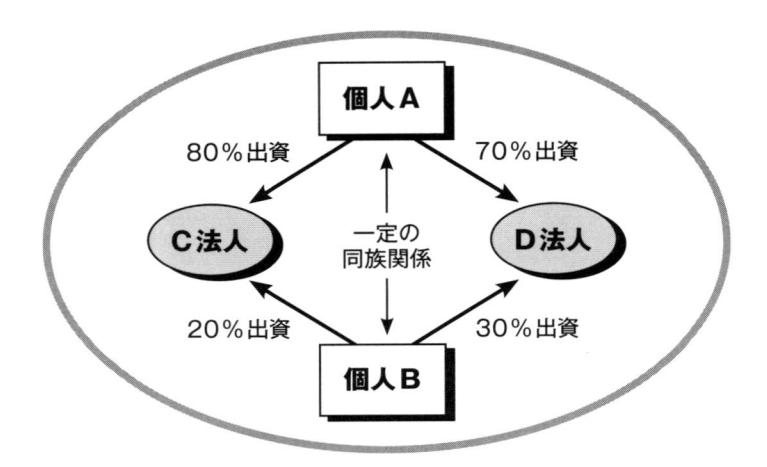

[図: 個人Aが C法人に80%出資、D法人に70%出資。個人BがC法人に20%出資、D法人に30%出資。個人Aと個人Bは一定の同族関係。]

(6) 父と母と子がそれぞれ100%株式を保有している法人

これらの3法人間に直接的な資本関係がない場合でも、法人税法上は1つのグループとしてグループ法人税制が適用されます。

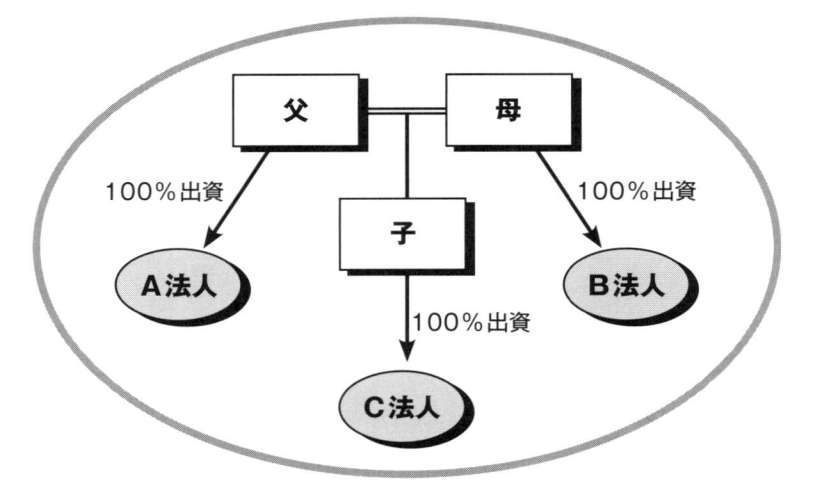

[図: 父がA法人に100%出資、母がB法人に100%出資、子がC法人に100%出資。]

これらのグループ内法人間で資産の譲渡を行った場合は、グループ法人税制における譲渡取引の損益繰延べなどの対象となります。

2.譲渡損益の損益繰延べの対象

100％グループ内で建物などの「譲渡損益調整資産」を譲渡した場合、会計上は譲渡損益を認識しますが、法人税法上は益金算入（譲渡損）、または損金算入（譲渡益）をして、課税を繰り延べる処理を行います。

譲渡損益調整資産とは、固定資産、土地、有価証券、金銭債権及び繰延資産で次に掲げるもの以外のものをいいます。

イ）売買目的有価証券
ロ）譲受法人において売買目的有価証券とされる有価証券
ハ）その譲渡の直前の帳簿価額が1,000万円に満たない資産

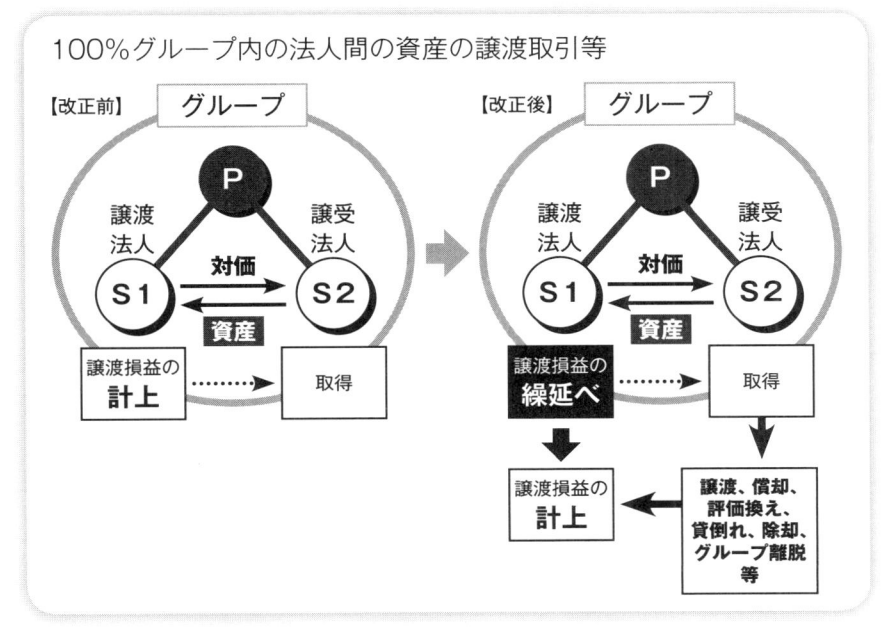

100％グループ内の法人間の資産の譲渡取引等

【改正前】
グループ内で、譲渡法人S1から譲受法人S2へ資産を譲渡し対価を受け取る際、譲渡損益の計上を行い、S2は取得する。

【改正後】
グループ内で、譲渡法人S1から譲受法人S2へ資産を譲渡し対価を受け取る際、譲渡損益の繰延べを行い、S2は取得する。譲渡、償却、評価換え、貸倒れ、除却、グループ離脱等により譲渡損益の計上を行う。

事例 49

郊外に出店する際の土地の取得価額に関する留意点

　私は東京23区内にて回転寿司店を営む法人の代表取締役Aという者です。私どもの法人では常々、役員会において、今後の課題としてファミリー層の獲得が議題にあがっていました。

　そして、この度、手頃な物件が見つかったため、ファミリー層の獲得にむけ、郊外店舗の出店を実行に移すこととなりました。

　物件の内容は1億5,000万円の土地付建物で、建物を取得後すぐに取壊し、駐車場付の大型店舗を建設しました。この取壊しにかかった費用300万円を、私どもでは工事費として一括して経費に計上していましたが翌月、担当の税理士より以下の指摘を受けました。

　「初めから、土地を利用することを目的として物件を取得し、物件の取得後、すぐに建物の取壊しを行いその土地を利用すると、建物の取壊し費用は、土地を利用する為に必要である出費として土

地の取得価額に含めなければなりませんので、今回の300万円は土地の取得価額に加算して1億5,300万円の土地を資産として計上しなければなりません。つまり300万円は経費として落とすことはできません」との指摘を受けました。

そのため、予想外に300万円の利益と納税が発生してしまい、新事業はなんとも幸先の悪いスタートとなりました。

失敗のポイント ✕

一般的な感覚からすると土地付建物の取得と建物の取壊しは別の行為でありますので、Ａさんの法人のような会計処理を行うことは致し方ないことであるかと思われます。しかし税法上では上記の税理士が言ったような処理を行うこととなります。

今回のケースのように、一般的な感覚と税法上の規定で相違が生じていることは多々あります。このような相違が今回の失敗のポイントです。

> **正しい処理**
>
> 土地の利用を目的として土地付建物を取得し、取得後、おおむね1年以内に建物を取壊したときは、その建物の取壊しにかかった費用は、土地の取得の為に要した費用として土地の取得価額に算入することとなります。
> 　今回のケースでは建物の取壊しにかかった費用300万円を土地付建物の取得価額1億5,000万円に加算し1億5,300万円の土地を取得したものとして取り扱います。

[ポイント解説]

　法人が土地付建物を取得した場合で、その取得後おおむね1年以内にその建物の取壊しに着手するなど、取得当初より、土地を利用する目的であることが明らかであると認められる場合には、その建物の取壊し時における建物の帳簿価額と取壊し費用は、その土地の取得価額に算入することとされています。

　しかし、初めは建物を事業に使用する目的で取得したが、その後やむを得ない理由が生じたことにより、その使用をあきらめなければならないような場合には、その取得後おおむね1年以内にその建物を取壊したときであっても、その建物を取壊しにかかった費用に関しては建物を取壊した際の経費として計上することができます。

　なお、上記の取り扱いは次の場合にも準用されますので、注意が必要です。

（1）借地権とともに取得した建物を取壊した場合の借地権の取得価額
（2）自己所有の土地を貸している場合に、その借地人の建物等を取得しこれを取壊したときの土地の取得価額

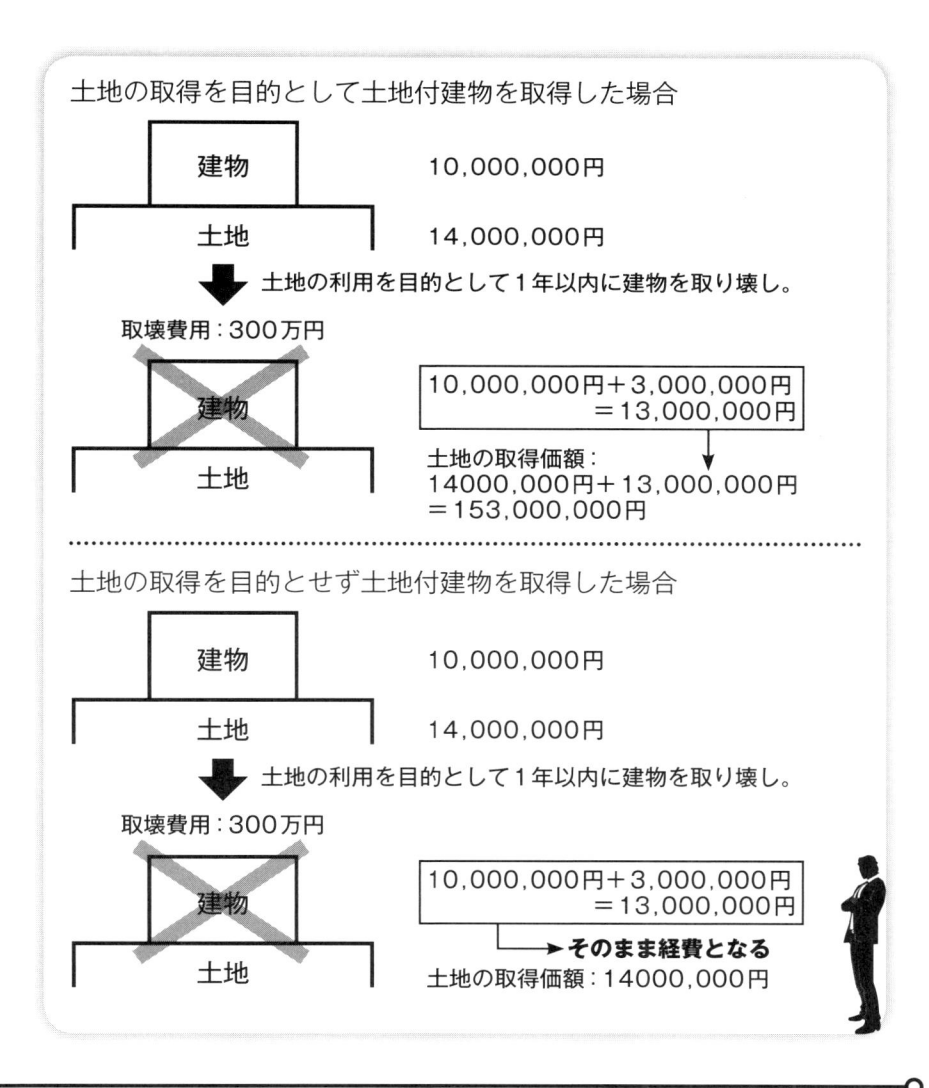

土地の取得を目的として土地付建物を取得した場合

| 建物 | 10,000,000円 |
| 土地 | 14,000,000円 |

↓ 土地の利用を目的として1年以内に建物を取り壊し。

取壊費用：300万円

~~建物~~
~~土地~~

10,000,000円＋3,000,000円
　　　　　＝13,000,000円

土地の取得価額：
14000,000円＋13,000,000円
＝153,000,000円

土地の取得を目的とせず土地付建物を取得した場合

| 建物 | 10,000,000円 |
| 土地 | 14,000,000円 |

↓ 土地の利用を目的として1年以内に建物を取り壊し。

取壊費用：300万円

~~建物~~
~~土地~~

10,000,000円＋3,000,000円
　　　　　＝13,000,000円
→ **そのまま経費となる**

土地の取得価額：14000,000円

〈事例49〉郊外に出店する際の土地の取得価額に関する留意点

第5章

相続・事業承継

起業し、経営を軌道に乗せ、
必死に走り抜けてきた経営者の皆さん。
次の世代へのバトンタッチには、
様々な問題が起こりがちです。
本当は相続・事業承継だけで
1冊の本が出来るほど課題はたくさんありますが、
今回は厳選した本当によくある失敗をご紹介します。

事例 50

相続人が複数いるオーナー社長の事業承継

　中華料理店を経営する法人Tの代表取締役のAと申します。私には妻（B）のほか、子どもが2人（長男C、次男D）おります。このたび、長男Cは私の店を継いでくれることになりました。私が100％所有する当社（T社）の株式は、跡継ぎである長男が全株相続するのが当然と考え、念のため遺言を残すことにしました。
　遺言ができあがったので顧問税理士に相談したところ、
　「ところでAさんにはT社株式以外の財産はありますか？」と尋ねられました。他にめぼしい財産がないことを言うと、
　「この遺言では長男Cさんは妻Bさんと次男Dさんから遺留分減殺請求を受ける可能性もありますね」と指摘を受けました。

失敗のポイント

　中小企業の場合、企業経営の安定を図るためになるべく株式を分散させず、後継者に集中させるという考え方は間違っていません。

　しかし、民法上、被相続人（亡くなった方）の兄弟姉妹を除く法定相続人には「遺留分」が認められています。遺留分とは、一定の相続人のために、相続に際して法律上取得することを保証されている相続財産の一定の割合のことをいい、被相続人の生前の贈与又は遺贈によっても奪われることのないものです。

　遺留分減殺請求とは、遺留分を侵害された者が、贈与又は遺贈を受けた者に対し、遺留分侵害の限度で贈与又は遺贈された物件の返還を請求することを言います。

　遺留分減殺請求は、一族間の争いの種になりやすいため、こうしたことに配慮した遺言を作成すべきでした。

正しい処理

この場合、いくつかの方法が考えられますが、代表的なものを紹介いたします。

1. **長男Ｃ以外の相続人向けに現金等を準備する**

    そのためには、Ａさんが生命保険に加入するなどの手続きが必要になります。

2. **種類株の発行**

    まず、社長のＡさんに対して議決権付きの株式のほか、議決権のない株式を発行します。実際に相続が起きたときには、議決権付きの株式を長男Ｃさんに、妻Ｂさんと次男Ｄさんには議決権のない株式を相続してもらいます。

［ポイント解説］

1．法定相続分と遺留分

　民法上、被相続人の財産を相続できる権利がある人のことを「法定相続人」といい、相続できる順位やその割合（法定相続分）についても定められています。一方、実際に相続した人のことを「相続人」といいます。

　配偶者は、常に法定相続人となります（内縁関係は認められません）。配偶者以外では、子が第1順位です。実子と養子は同様に相続できますが、

嫡出子と非嫡出子では、非嫡出子の相続分は嫡出子の2分の1となります。子がいない場合は、父母が第2順位です。さらに子も父母もいない場合は、兄弟姉妹が第3順位となります。

【夫が死亡したときの法定相続分（例）】
妻・子2人の場合 →妻2分の1、子4分の1ずつ
妻・父母の場合 →妻3分の2、父母6分の1ずつ
妻・兄弟2人の場合 →妻4分の3、兄弟8分の1ずつ

　原則として、亡くなった人（被相続人）の財産は、遺言によって被相続人の意思が尊重されるように分配できます。しかし、仮に他人にすべての財産を残すという内容の遺言では、残された家族の生活は急変することになりかねません。そうした事態を避けるため、民法では、被相続人の一定の近親者には、相続財産のうち一定の割合を相続できるように保証されています。これが「遺留分」です。
　この遺留分を請求する権利のことを「遺留分減殺請求権」といいます。遺留分の権利を持つのは、法定相続人のうち、子、配偶者、直系尊属に限られます。（兄弟姉妹にはありません）

【夫が死亡したときの遺留分（例）】
妻・子2人の場合 →妻4分の1、子8分の1ずつ
妻・父母の場合 →妻6分の2、父母12分の1ずつ
妻・兄弟2人の場合 →妻8分の3、兄弟0（遺留分なし）

　Aさんに万一のことがあった場合、法定相続分は妻Bさんが2分の1、長男Cさんと次男Dさんが4分の1ずつです。遺留分としては、妻Bさんが4分の1、次男Dさんが8分の1となり、2人あわせて8分の3は遺留分になる

わけです。

　この遺留分に配慮した遺言を書かないと、後継者Cさんが思わぬ相続争いに巻き込まれる可能性があるのです。

　そのために昔からよく使われてきたのが生命保険です。妻Bさんと次男Dさんに残す財産を生命保険の死亡保障などでまかなえば、T社株式を全額長男Cさんに相続することができます。

2．有効活用したい、種類株

　平成18年5月に施行された会社法では、株式譲渡制限会社（中小企業のほとんどはこれに該当します）の特典として「議決権制限株式を、発行済み株式総数の2分の1を超えて発行することができる」ようになりました。

　この規定をうまく利用することも一つの手段です。たとえば、妻Bさんと次男Dさんに残すための無議決権株式を発行し、Aさんが引き受けておきます。相続が発生したときには、議決権のある株式を長男Cさんに、妻Bさんと次男Dさんには無議決権株式を相続すればよいのです。

　会社法では、様々な種類株を発行することができるようになりました。

　妻Bさんと次男Dさんへも多少のメリットを残したいと考えるならば、配当を優先的にもらう権利がある配当優先株を2人に残す、ということも考えられます。

　種類株を使った事業承継対策は、今後ますます活発化してくるのではないか、と考えています。

会社法における主な種類株

異なる定めが出来る事項	呼称等	備考
剰余金の配当	配当優先株、配当劣後株等	
残余財産の分配	優先株、劣後株等	
議決権を行使できる事項に制限や行使の条件がある	議決権制限株式（無議決権株式等）	株式譲渡制限会社でない会社（公開会社）は発行済み株式数の2分の1以下
株主総会・取締役会の決議に対する拒否権がある	拒否権付株式。黄金株等	
取締役・監査役の選任権がある	役員選任付株式	公開会社・委員会設置会社は不可。
株主から会社に対してこの株式の取得を請求できる	取得請求権付株式	
一定事由の発生を条件にこの株式を取得できる	取得条項付株式	
株主総会の決議によりこの株式の全部を取得できる	全部所得条項付種類株式	

もうワンポイント ▶▶▶ **株式譲渡制限会社とは**

　株式譲渡制限会社とは「すべての株式に譲渡制限に関する規定がある会社のこと」を言います。ある株主が、誰かに株式を譲渡する場合には、取

締役会、あるいは株主総会の許可を得なければ譲渡できないということです。この規定があれば、会社が望まない人物に自社の株式をもたせないようにすることができます。

たとえば、家族で経営している会社の場合、もし家族以外で経営に対して非協力的な人物に株が渡れば、経営に口出しするようになり、事業が円滑に進まなくなる可能性があります。このような事態を避けるため、株式の売買、譲渡などに制限をかけることができるのです。

これに対して、このような譲渡制限の規定を設けていない会社は「公開会社」と言います。（この場合の「公開」とは、上場しているという意味ではありません）

株式譲渡制限会社になるには、定款に「当会社の株式を譲渡により取得するには、取締役会（株主総会）の承認を受けなければならない」という規定を加えておけばよいのです。

会社法における株式譲渡制限会社に有利な特典は、取締役会の設置が任意で、設置しない場合には、取締役の員数は１人で足りること、取締役の資格を、定款で株主に限定することができること、株式の譲渡について定款で一定の定めができることなど多岐にわたります。定款の自由度も公開会社に比べて圧倒的に高いのも特長です。

なお、有限会社は事実上、株式譲渡制限がかかっていたので、定款に株式譲渡制限に関する項目がない場合が多いです。

ですから、有限会社から株式会社に商号変更する際には、定款に株式譲渡制限に関する条項を盛り込むことを忘れないようにしてください。うっかり忘れると、公開会社扱いになってしまうため、注意が必要です。

column

相続税の基本

　サラリーマン時代は「相続税なんて、お金持ちのための税金」と思っていた方も多いのではないでしょうか。

　相続税は、相続や遺贈によって取得した財産及び相続時精算課税の適用を受けて贈与により取得した財産の価額の合計額（債務や葬儀費用、墓所、一定額の生命保険金などの金額を控除し、相続開始前3年以内の贈与財産の価額を加算します）が、基礎控除額を超える場合にその超える部分（課税遺産総額）に対して、課税されるものです。

　この場合、相続税の申告及び納税が必要となり、その期限は、被相続人（故人）の死亡したことを知った日の翌日から10ヶ月以内です。

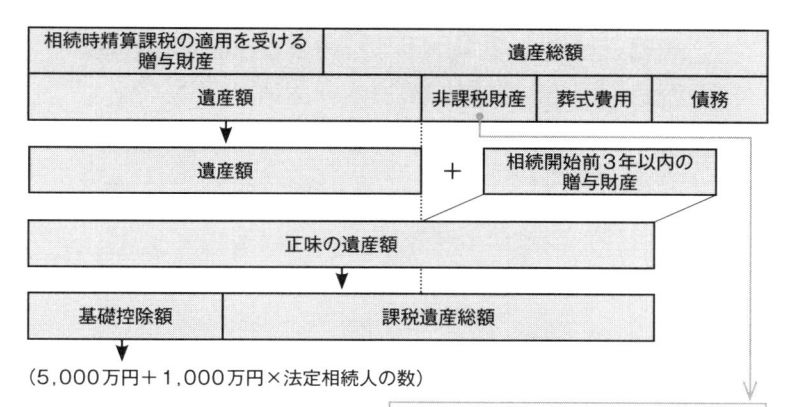

相続時精算課税の適用を受ける贈与財産	遺産総額		
遺産額	非課税財産	葬式費用	債務

遺産額	＋	相続開始前3年以内の贈与財産

正味の遺産額	

基礎控除額	課税遺産総額

（5,000万円＋1,000万円×法定相続人の数）

（注）基礎控除額は今後改正の可能性があります。
　　　被相続人に養子がいる場合、法定相続人の数に含める養子の数は、実子がいる場合は1人、実子がいない場合は2人までとなります。

[非課税財産]　①墓所、仏壇、祭具など　②国や地方公共団体、特定の公益法人に寄付した財産　③生命保険のうち次の額まで　500万円×法定相続人の数　④死亡退職金のうち次の額まで　500万円×法定相続人の数

　事業を興した場合は、実感があまりなくても「遺産」として加算されるものが多くあります。独立した場合、相続税は他人事ではないことを肝に銘じて下さい。

〈事例50〉相続人が複数いるオーナー社長の事業承継

事例51

後継者の長男に、自社株式を贈与するとき

　飲食店を経営するBと申します。私には妻と3人の子どもがおりますが、幸い長男が会社を継いでくれることとなり、最近では長男の新しい取り組みのおかげで会社の業績は極めて好調です。

　会社を経営して23年、私の体調も思わしくないため、近々、長男に事業継承することを考えています。そのため、私が所有する株式（自社株式・社長の私が100％所有）を段階的に長男に贈与していきたいと思っています。

　この旨を顧問税理士に相談したところ、
　「現在は業績が極めて好調ですので、御社の株価はかなり高くなっています。こんなときに贈与を行ったら、Bさんはかなりの贈与税を負担することになりますよ」と指摘されました。

失敗のポイント

　後継者がおらず店をしめる人も多い中、ご長男が後継者になるのはいいことです。早くに株式を譲渡して名実共に次の後継者にバトンタッチしたいという思いもよくわかります。

　しかし、親子間で多額の贈与をするとなると、(いずれ相続人になる予定の) 他の家族の遺留分を侵害するなどの問題が起きる可能性があります。また、極めて好調な業績下では、贈与税の基礎となる株価が高額になりがちです。

　後継者への株式の移転は、金額やタイミングを見計らって行う必要があるのです。

正しい処理

これにはいくつかの方法が考えられます。

1. Bさんには役員退職金を受け取って退任してもらい、新たに長男を社長にする。

   →これにより、会社の利益を押し下げ、株価を一時的に下げることができます。この株価が下がった時、長男に自社株式を贈与する方法です。

2. 贈与金額が大きくなるようでしたら、贈与ではなく売買により長男に自社株式を取得させることも考慮してください。また、「遺留分に関する民法の特例制度」が使えるようならば検討してください。

[ポイント解説]

1．役員退職金の支払いと株価の関係

役員退職金の支払いによって、株価にどのような影響がでるのか、実際に数値を使った例で見てみましょう。（相続税法上の評価は大会社を前提とします）

業種	飲食業
売上	50億円
申告所得	1.5億円
自己資本	5億円
資本金	10百万円（発行済み株式数20千株）
配当	10％

社長の月額報酬　1.5百万円（役員在籍年数23年）

　まず、現社長のBさんに対してどのくらい、役員退職金を支払えるのかを計算します。算式は以下の通りです。

| 最終月額報酬 | × | 役員在籍年数 | × | 功績倍率 |

1.5百万円 × 23年 × 3 ＝ 約100百万円

　ちなみに、功績倍率とは、退職した役員が、会社においてどのような地位にあったのかによって大きく変わってきます。創業オーナーの場合、大体3倍くらいまでは税務署も認めてくれるようです。
　計算すると、Bさんが受け取れる役員退職金は約100百万円（1億円）になります。
　次に、もし1億円の退職金を支払ったとすると、会社の決算は次のように変わります。

　申告所得　　1.5億円→0.5億円

自己資本5億円→5.2億円
配当　　　10％→0％

　所得金額は単純に役員退職金分が減ります。自己資本額は、申告所得から税金を引いた当期純利益が自己資本にプラスされます。申告所得が0.5億円だとして、おおよそ半分程度を税金と考えると、退職所得支払い後の自己資本は約0.2億円しか増えないことになります。配当も、株価対策を意識してゼロにしてみます。

退職金を支給しなかった場合

$$380円 \times \left[\frac{\frac{(5.0)}{(3.5)} + \frac{(750)}{(28)} + \frac{(2,850)}{(250)}}{5} \right] \times 0.7 \times \frac{500}{50} = @49,555円$$

退職金を支給した場合

$$380円 \times \left[\frac{\frac{(2.5)}{(3.5)} + \frac{(250)}{(28)} + \frac{(2,600)}{(250)}}{5} \right] \times 0.7 \times \frac{500}{50} = @20,136円$$

　こうしたシミュレーションの結果、細かい計算式は省略しますが、退職金を支給しなかった場合の1株あたりの株価は約5万円（49,555円）、退職金を支給した場合は約2万円（20,136円）となりました。株価が半分以下に下がったわけです。
　この株価の下落は、役員退職金を支払ったことによる一時的なものです。次の期になると株価は元に戻る可能性が高いので、株価を引き下げた事業

年度の翌期には、必ず株式の移動を行うようにしてください。

2．遺留分に関する民法の特例制度

　もし、長男に全株を贈与すると、約2万円×20千株＝約4億円となります。金額が大きいため、贈与ではなく売買のほうがよいという考え方もあります。4億円の約半分に贈与税がかかる、という税金面の問題ももちろんありますが、もう一つの問題として、あまりたくさん贈与しすぎると、他の相続人の遺留分を侵害しかねない、という問題があるのです。

　遺言がなく、相続財産を相続人同士で分ける場合には、原則として生前に贈与された財産を相続財産に合算したうえで、法定相続割合に基づいて相続分を計算することになっています。ですから、ご長男に自社株式を相続させたいのであれば、遺言を書くことは必須になります。

　さらに、遺留分についても注意しなければなりません。Bさんにはお子様が3人と配偶者の方がいらっしゃいます。法定相続分は、配偶者の方が1/2、お子様がたがそれぞれ1/6となります。遺留分は法定相続分の半分ですから配偶者の方が1/4、お子様がたは1/12です。長男の方以外の法定相続人の遺留分をあわせると、5/12、ほぼ半分近くになります。

　Bさんに自社株式以外の資産がある場合には、それらの資産をご長男以外の法定相続人に相続してもらえばいいのですが、めぼしい資産が自社株式以外にない場合、全株式を長男に贈与してしまうと、他の相続人が遺留分を求めて話が難しくなる、といった問題も起きかねません。

　こうした問題を回避するために、あえて長男には贈与ではなく売買取引を行う、ということも一つの手段として考えるべきなのです。（売買ならば対価を払って取得するのでこのような相続の問題は回避できます）

　また、中小企業の事業継承の円滑化を図るために、遺留分についての民法特例制度が創設され平成21年3月から施行されています。

　この制度は、一定の要件をクリアした中小企業の後継者が、遺留分権利

者全員の合意を得た上で一定の手続きを踏むことにより、
- ・後継者が先代の経営者から贈与を受けた株式を、遺留分の算定の基礎となる財産に合算しないことができる。
- ・後継者が先代の経営者から贈与を受けた株式について、遺留分の算定の基礎となる財産に持ち戻す金額を、合意時の評価額とすることができる。

とするものです。（オプションでプラスアルファの取り決めをすることもできます）

この特例を受けるための要件は、以下のとおりです。

対象法人	3年以上継続して事業を行っている中小企業者（注1）
対象となる後継者	・先代の経営者の推定相続人（先代の経営者の兄弟姉妹およびその子を除く）であること。 ・議決権の過半数を有し、かつ、合意の対象とする株式を加えないと、議決権の過半数を確保できないこと。 ・その会社の代表者であること。
手続き方法	①遺留分権利者全員の合意を得ると同時に、合意書を作成する。（注2） ②その合意日から1ヶ月以内に経済産業大臣に申請して確認を受ける。 ③その確認日から1ヶ月以内に、家庭裁判所に申立をして許可を受ける。 ※この特例制度の施行日前に行われた贈与についても、このような手続きを踏めば適用を受けることができる。
合意の効力が消滅するとき	・経済産業大臣の確認が取り消されたとき。 ・先代の経営者の生存中に、後継者が死亡したとき。 ・再婚、出産、養子縁組等により、新たな遺留分権利者が加わったとき。

(注1) サービス業の場合は、資本金5千万円以下または従業員100人以下で、資本金か従業員数のいずれかの基準を満たしている法人であること。

(注2) 合意書には
・後継者が合意の対象とした株式を処分した場合
・先代の経営者の生存中に後継者が代表者を辞任した場合に、非後継者が取ることができる措置を定めなければなりません。

　Bさんの会社が従業員数100人以下であるならば、この特例を検討することも、スムーズな事業継承に向けての第一歩になると思います。

事例 52

創業社長が持つ土地の譲渡タイミング

　飲食店を経営するAと申します。起業して30年、様々なことがありましたが、経営は軌道に乗り、幸いにも長男が私の店を継いでくれることも決まりました。最近は体調が思わしくなく、ちょっと気が早いかもしれませんが、長男への事業承継を考えるようになりました。その第一歩として、会社に賃貸している私の土地（5年以上保有している）を、会社に売却することにしました。

　ずいぶん前に購入した土地ですので、かなりの売却益が出て税金を払ったのは痛手でしたが、長期間保有していた土地の売却益に対する税金は20％まで下がった、ということですから、損はしていないだろうと考えていました。

　ところが、顧問税理士にこの話をしたところ、「社長がお持ちの土地は、跡継ぎのご長男に相続されて相続税の取得費加算の特例を使ったほうが、もっと有利だったかもしれません。」と指摘されました。

失敗のポイント ✗

近年は長期保有の土地の売却益に対する所得税は20％程度まで下がっています。また、この土地を事業とは無関係な相続人が相続したら、会社としては望ましくありません。ですから、今のタイミングで会社に売却したいということは一理あります。

ただし、この場合は「相続税の取得費加算の特例」を利用することが有利になる可能性もあります。

2つの可能性を考えて、比較検討してみたほうがよかったかもしれませんね。

正しい処理

まずご長男に土地を相続してもらい、「相続税の取得費加算の特例」を利用することをシミュレーションします。

その上で、相続発生前に土地を譲渡して相続財産から外すよりも、「相続税の取得費加算の特例」を利用した方が有利であるならば、Aさんの相続発生から3年10ヶ月以内（正確には相続税の申告期限から3年以内）に、ご長男の方から会社に対して売却してください。

[ポイント解説]

「相続税の取得費加算の特例」は、相続により取得した土地、建物、株式などを、一定期間内に譲渡した場合には、相続税額のうち一定金額を譲渡資産の取得費に加算することができるというものです。この特例は譲渡所得にのみ適用される特例です。

(1) 特例を受けるための要件
　　①相続や遺贈により財産を取得した者であること。
　　②その財産を取得した人に相続税が課税されていること。
　　③その財産を、相続開始のあった日の翌日から相続税の申告期限の翌日以後3年を経過する日までに譲渡していること。

(2) 取得費に加算する相続税の額
　取得費に加算する相続税の額は、次の①で計算した金額の合計額と②の金額のいずれか低い金額となります。

> ①土地等を売った人にかかった相続税額のうち、その者が相続や遺贈で取得したすべての土地等（注）に対応する額
>
> (注1) 土地等とは、土地及び土地の上に存する権利をいいます。
> (注2) 土地等には、相続時精算課税の適用を受けて、相続財産に合算された贈与財産である土地等や、相続開始前3年以内に被相続人から贈与により取得した土地等が含まれ、相続開始時において棚卸資産又は準棚卸資産であった土地等や物納した土地等及び物納申請中の土地等は含まれません。

<算式>

$$\text{その者の相続税} \times \frac{\text{その者の相続税の課税価格の計算の基礎とされた土地等の価額の合計額}}{\text{その者の相続税の課税価格} + \text{その者の債務控除額}} = \text{取得に加算する相続税の額}$$

ただし、既にこの特例を適用して取得費に加算された相続税額がある場合には、その金額を控除した額となります

②この特例を適用しないで計算した譲渡所得の金額

簡単な数値例を使って説明をします。

A. ご長男の相続税＝4億円
B. ご長男が相続により取得した財産の合計＝10億円
C. B.のうち、土地の価額＝8億円

であるとすると、「①取得費に加算する相続税の額」は
4億円×8億円／10億円＝3.2億円
となります。

　もし、ご長男が相続税4億円の納税資金がなく、相続した土地のうち3億円を会社に売却することで納税資金を工面することを考えたとします。

　古くから持っていた土地なので、計算を簡単にするために簿価はゼロと考えると、土地3億円の売却益は3億円－0円＝3億円となります。これが、「②特例を適用せずに計算した譲渡所得の金額」です。（実際の計算は、簿価を売却価額の5％とするなどもう少し複雑ですが、簡単にするためにゼ

ロとします)

　ここで、3億円と3.2億円を比較して売却益までに達する金額を、土地の取得費として加算することができるというのがこの特例です。

　この特例を使って、3億円を取得費に加算すると、譲渡所得は次のようになります。

> **3億円（売却価格）－（0＋3億円）＝0円**

　つまり、ご長男がこの土地を売っても、譲渡所得は発生しない、ということになります。しかも相続税の申告期限までに会社に売却する事が可能であれば、売却資金はそのまま相続税の納税資金として使うこともできます。

　この特例は、「相続開始のあった日の翌日から相続税の申告期限の翌日以後3年を経過する日」、つまり相続から3年10ヶ月以内に土地を譲渡した場合に適用可能です。

column

健康なうちに、社長がすべきこと

　社長は、相続の混乱を避けるために日頃から個人財産と会社財産の管理をきちんと分けることが大切です。

　何も難しく考えることはありません。第一歩は、自分の財布から会社のために使ったお金は会社に貸付の形で計上しておく、備品の購入等も個人の財布ではなく会社の経理から処理する、といったことが基本です。

　生前に少しずつ長男など会社承継者に財産を贈与しておくことも効果的です。贈与がいいのか、相続してもらったほうが有利なのかはケースバイケースですので、税理士等の専門家にシミュレーションしてもらうことをオススメします。

　もう一つオススメなのは、遺言を書いてみること。保証債務などマイナスの財産については、その存在と内容を家族に伝えておくことや、遺言を残すことが大切です。

　何より、遺言を書いてみると、問題点や将来像が整理され、どうしたいのか、何をすべきかが明確になることがあります。

　遺言を書くなんて縁起でもない！などと言わずに、経営者であれば真剣に取り組む価値があることだと思います。

事例 53

設立時に名前を借りた株主から株式買取の請求が！

　バブル経済華やかなりし1986年に脱サラして飲食業の法人を設立したAと申します。その後、経営難の時代も何とか乗り切り、おかげさまで今では地元を中心に4店舗を展開するまでに成長することができました。当期も業績は極めて好調なため、5店舗目の出店計画を立てていたところでした。

　そんな折、サラリーマン時代の同僚B氏のご子息、という方が突然当社に来られました。すっかり縁遠くなっていたのですが、B氏は数ヶ月前、病気のため他界したそうです。

　ご子息が続けた次の話には、さらに驚きました。
「生前は、父が大変にお世話になりました。調べたところ、父は御社の株を少し持っていたようなので、お返しに上がりました。つきましては、適正な価格で買い取っていただきたいのですが」
というのです。

確かにＢ氏は、私が法人を設立した時に、株主として名義を借りた人ではありますが、実際に資本金を払い込んだのは私だけであり、Ｂ氏は一切、払い込みをしていません。
　ご子息はじめ遺族の方は、Ｂ氏が当社の株主であることすら知らなかった、ということです。今さら当時のいきさつを話しても問題がこじれそうですし、Ｂ氏にはお世話になりましたから税理士と相談し、Ｂ氏の株式を買い取ることにしました。
　これが思わぬ出費となり、新規出店の話は延期せざるをえませんでした。

失敗のポイント ✗

　平成２年以前に設立した法人については、設立時に７人以上（スムーズに会社を設立するためには８人以上）の株主が必要とされていました。しかし、小さな会社の場合、Ａさんのように株主全員にお金を出してもらうのでなく、お金を出すのはオーナーのみで、残りの人からは名義だけを借りる（名義株）、ということをよく行っていました。
　実態にあわない名義株は早急に整理すべきでしたが、それを怠っていたことが、今回の失敗のポイントです。

〈事例53〉設立時に名前を借りた株主から株式買取の請求が！

> **正しい処理**
>
> 名義株は、できるだけ早い段階で本来の株主の名義に戻しておくことが肝心です。
>
> 株主名簿を見て、名義株があった場合は早急に手続きをしてください。株主は法人税の申告書の別表2にも記載されています。

［ポイント解説］

　Aさんのように、平成2年以前に設立した会社には、「名義株」がある可能性があります。私たちの事務所では、名義株を使って設立した法人に対して、名義を借りた人に対して念書を取るように指導してきました。「私は名義を貸しただけで真の株主ではない。だから名義を戻せと言われればいつでもこれに応じる」といった内容のものです。

　こうした念書を取っている法人でしたら若干安心ですが、Aさんのように今まで放置してしまうことも多々あります。特に、名義を貸した人が先に亡くなってしまうような場合は、トラブルになりがちです。

　設立当時は名義を貸すことは頻繁に行われていましたから、軽い気持ちで名義を貸し、特に家族に相談や報告をしないことが多いのです。また、名前を貸しただけだから、と気軽に考えているため、株主であることそのものを本人が忘れていることもあります。

ご遺族の方にとっては、どのような経緯で株主になったのか、知らされることなく突然、上場もしていない会社の株式が出てきた、という状態になりますので、当然の権利として買い取ってください、と来るわけです。

ですから、名義を貸したご本人が事情を覚えているうちに本来の名義に戻すよう、手続きをとることが重要です。本来の名義とは実際にお金を払い込んだ人、つまり多くの場合、創業オーナーの名義になるということになります。（税務署も、設立時に全額払い込んだのは設立オーナーであろうことは、うすうすわかっています）そうなると、創業オーナーの相続財産は増加します。だからといって、創業オーナーの子ども（後継者）などの名義に戻すと、贈与の問題が出てきます。

創業オーナー以外の名義に戻す場合は、しっかりした証拠がないと、贈与の疑いをかけられる可能性が高いので、注意して下さい。

会社設立から20年以上経過しているような場合では、人間関係が疎遠になっている、あるいは不仲になっているなんてこともあります。これは名義株だ、いや名義株ではない、という争いが起きることもあります。（一代目で問題が発覚し、二代目になっても係争中、ということもあります）

名義株の整理は、とてもデリケートな問題でもあるのです。

もうワンポイント ▶▶▶▶ 安易な株式分散も危険

ここからの話は平成3年以降に法人を設立した方にも大いに関係のある話です。

よく、仕入先に株式を持たせている、という会社があります。仕入先ですから、商売上はこちらのほうが優位にあるわけで、あるいは安定株主という意味合いで持たせているのかもしれません。

しかし、仕入先に持たせている株式は早急に整理をするなり、他の対処法を考えるほうがよいと思います。万が一、その仕入先が倒産でもした場

合、困った問題が起こるからです。

　ある会社の株式を仕入先が保有しており、その仕入先が倒産したときの実例があります。仕入先の破産管財人である弁護士から、その会社に対して株式を買い取って欲しい、という話がきたのです。その会社は「相続税評価額で買い取ります」と言ったのですが、弁護士からは「何を寝ぼけたことを言っているのだ」と一喝され、結局時価の半額（相続税評価額よりずっと高い価額）で買い取らざるを得なかった、という話です。

　安易に株式を分散させ、思わぬ結果を招くことがありますので、株主をだれにするのか、は真剣に考えるべき課題なのです。

column

社長が交代した場合の連帯保証人は?

　銀行から融資を受けている中小企業の社長は必ずと言っていいほど連帯保証人になっているはずです。では、もし銀行融資を受けている中小企業の社長が交代した場合、連帯保証人はどうなるのでしょうか。
　まず新社長はほぼ間違いなく、連帯保証人になるはずです。前社長に関しては、代表権がなくなれば原則として連帯保証人から外れることを認める場合が多いようです。
　ただし、信用保証協会の保証付融資の場合、連帯保証人を変更するには信用保証協会の同意が必要になります。しかし信用保証協会は連帯保証人の変更は、原則として応じないようです。(今のところ)
　ただし、前社長が完全に経営から外れ、かつ資本関係からも完全に外れる場合(たとえば、前社長が持っていた会社の株式を新社長に譲渡するなど、完全に手放した場合)には、前社長が連帯保証人から外れることを認める、というケースもあるようです。

事例54 親族ではない料理長に店を譲りたい

　和食店を経営するＴ社の社長を務めるＡと申します。親族からお金をかき集めて起業したのが30年前。そろそろ私も引退を考えています。後継者には、起業した当初から当店で料理長を務めるＢ氏を、と考えています。Ｂ氏は私の親族ではありませんが、真面目な人柄で店の従業員からの信望も厚く、料理の腕前とその指導力はもちろん、経営的なセンスもなかなかのものがあります。変化を恐れずやり抜く力もあり、彼の考えた改革案で経営危機を乗り切ったこともありました。私はだいぶ前から「後継者は彼しかいない」と考えておりました。

　Ｂ氏の経営権を盤石にするためにも、Ｂ氏に当社の株式をすべてもってもらいたいと考えています。そこで、現在当社の株式を持つ親族に相談に行ったところ、「適正価格で買い取ってくれるならば構わない」とのこと。ところが、Ｂ氏は当社の株式を買い取るほどの資金がない、と言います。

　こうなったら、Ｂ氏は経営者として代表取締役

にするけれど、株式は私と私の親族が持ち続ける、という方法しかないと考え、先日、Ｂ氏を代表取締役社長に就任させ、私は代表権のない会長に退きました。

　決算を迎え、代表取締役が代わったことを税理士に報告したところ、税理士は実に複雑そうな顔をしていました。何か問題があったのでしょうか。

失敗のポイント

　結論から申し上げますと、Ｂ氏には御社の株式を２/３以上持たせることを強くおすすめします。

　Ａさんが考えているように、後継者候補に経営権のみを承継させ、株式は事業主（ＡさんとＡさんのご親族）が引き続き持つ、という承継方法を実際に取る方もいらっしゃいます。しかしこの場合、経営と所有が分離するため、特に中小企業の場合は株主と経営側で対立が起こるケースが多々あります。税理士の方が複雑そうな顔をなさったのは、Ａさんのご親族とＢ氏が争う可能性があるということを指摘すべきかどうか、心情的に悩んだからかもしれません。

　後継者に資金がない場合でもＭＢＯのスキームを使う等の手段を講じて、Ａさんの親族から株式を集めるべきでした。

正しい処理

多くの親族が御社の株式を持っている場合で後継者にこれらの株式を買い取る資金がないときにはMBO（マネジメントバイアウト）の手法を用いることで、拡散した株式を集めることができます。

具体的には、後継者のB氏が会社を作り（仮にS社とします）S社が銀行等から融資を受け、その資金で御社（T社）の株式を買い取り100％子会社にして合併をする、というスキームになります。

［後継者に資金がない場合のMBOスキーム］

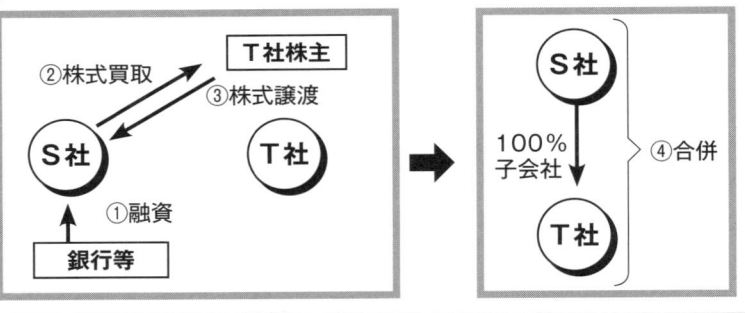

① 融資　銀行等 → S社
② 株式買取　S社 → T社株主
③ 株式譲渡　T社株主 → S社（T社）
④ 合併　S社（100％子会社 T社）

［ポイント解説］

MBOのスキームを利用すると、B氏の資金負担を最小限にとどめながら御社株式を集める可能性が出てきます。

B氏は会社を設立することになりますが、ご承知のように会社法の下では1円の出資金でも会社を作ることができますので、B氏はそれほど大きな資金負担をすることはないでしょう。

このスキームで最も重要なことは、銀行等の協力が得られるかどうか、という点です。銀行は、買い取られる会社（T社）の将来性等に対して融資を行います。将来、S社とT社が合併した後も事業が好調であれば、融資した資金は確実に返済されるからです。現在、事業を行っているのはT社ですから、銀行等はT社の財務内容を厳しくチェックすることになります。

　MBOを成功裏に導くためにも、まずは御社の企業体質の強化は欠かせません。たとえば、これまでオーナーの個人商店的な会社であり、プライベートの財産と会社の財産との境界が曖昧である場合には、きちんと線引きする必要があります。たとえば個人的な趣味で買った資産やプライベートで使っている不動産などを会社が持っているといった場合には、公私の区別を明確にして会社をスリム化すべきです。

　また、企業を儲かる体質にしておくことも重要です。儲かる体質とは、将来性の重要な源泉になります。不採算部門と儲かっている事業に分類し、不採算部門は思い切って整理するなどの「集中と選択」により、筋肉質な企業体質作りを目指すことも重要です。

　こうした努力を重ねてはじめて、銀行側とMBOの交渉ができるようになるもの、と肝に銘じておいて下さい。

　一度拡散してしまった株式を買い戻すには、かなりのエネルギーが必要です。MBOのスキームを使ったとしても、B氏が株式を集めるには相当の資金とパワーが必要になります。

　B氏にスムーズな経営権と所有権の移動をはかるためにも、儲かる会社作り、今後も伸びる可能性を秘めた魅力的な会社作りをすることがとても重要なのです。

事例 55

飲食店を居抜きで譲渡する場合

　長年、洋食店を営んでおりましたが、高齢を理由に引退をすることになり、料理長が店を引き継ぐ事になりました。

　私同様に、料理長も今のところ法人成りを考えておらず、個人事業者として飲食業を続けていこうと考えているようです。

　厨房にはこだわりがあったので、改装をせずに店舗を居抜きで譲渡し、店舗の内部造作、冷暖房設備や棚卸資産を一括して2,000万円で譲渡して、譲渡所得として確定申告をしようと考えていたところ、顧問税理士に「居抜き譲渡を行った場合、一括して譲渡所得としての申告はできませんよ」と指摘されてしまいました。

失敗のポイント

居抜き譲渡をした場合には、譲渡資産をその資産の種類により、譲渡所得か事業所得に、所得計算を区分して確定申告をする必要があります。居抜き譲渡をした、ということで全てが譲渡所得に該当する、と考えてしまうお気持ちはわかりますが、この点が今回の失敗のポイントです。

正しい処理

譲渡所得とは、所有する「資産」を売却等したことにより生じる所得をいいます。

ここでいう「資産」とは、土地、建物、株式、機械、車輌、特許権など多種多様なものが含まれており、金銭債権以外の一切の資産をいうこととされています。

譲渡所得は、ある程度の期間保有していた資産を売却することで、保有期間中の値上がりによる利益を具体化するものです。そのため他の所得だけでなく、譲渡所得の中でも、売却資産の種類や保有した期間に応じて、所得税を区分して計算することとなっています。

今回のケースの居抜き譲渡する場合には、資産の種類により、それぞれの所得に区分すべきでした。

[居抜き譲渡した資産の種類と所得の区分]

資産の種類	所得の種類
① 内部造作	譲渡所得（総合）
② 減価償却資産（③以外）	譲渡所得（総合）
③ 減価償却資産で使用可能期間が一年未満であるもの、取得価額が10万円未満であるもの	事業所得
④ 棚卸資産	事業所得
⑤ 借家権	譲渡所得（総合）
⑥ 営業権	譲渡所得（総合）
⑦ 売掛金などの金銭債権	課税関係生じず

また土地及び建物等の譲渡があった場合には、譲渡所得として課税されますが総合譲渡課税でなく、申告分離課税により確定申告をします。

[ポイント解説]

総合譲渡所得の場合には、その所有期間によって、「短期」と「長期」に区分します。

区分	範囲
短期譲渡所得	資産の取得の日以後、譲渡の日まで保存期間が5年以内の資産の譲渡
長期譲渡所得	資産の取得の日以後、譲渡の日まで保存期間が5年を超える資産の譲渡

[譲渡所得金額（総合課税）の計算方法]
(1) 譲渡所得金額

　　譲渡所得金額 ＝ 譲渡益 － 譲渡所得金額の特別控除額 ※（50万円）

※その年に短期と長期の譲渡益がある場合には、先に短期の譲渡益から特別控除額の50万円を差引きます。

短期と長期の譲渡益の合計が50万円以下である場合には、その合計額まで控除できます。

(2) 譲渡益

$$譲渡益 = \frac{短期（長期）譲渡所得の}{総収入金額} - \left(\frac{譲渡資産の}{取得費} + 譲渡費用\right)$$

(3) 譲渡所得金額

総所得金額を計算する場合には、短期譲渡所得の金額はその全額、長期譲渡所得の金額は、その2分の1が総合課税の対象となります。

もうワンポイント ▶▶▶ 分離課税とは

総合譲渡所得は、他の所得と合算して課税されますが、土地や建物の譲渡による所得は他の所得（給与所得など）と合算せず、分離して課税されます。これを「分離課税制度」と言います。

分離課税に該当する所得がある場合は「申告書第三表（分離課税用）」という申告書が必要になります。e-TAXを使って、インターネット上で申告する場合も「申告書第三表」からになります。

ちなみに所得税の額は次のように計算します。

(1) 長期譲渡所得

　　課税長期譲渡所得金額×15％

(2) 短期譲渡所得

　　課税短期譲渡所得金額×30％

参考文献

- 「精選100節税相談シート集　平成19年度版」　銀行研修社　辻・本郷税理士法人編著
- 「税務ハンドブック」　コントロール社　宮口定雄著
- 「会社設立5年　お金にまつわる解決一切」　中経出版　今村仁著
- 「日本一やさしい　会社の設立と運営の学校」　ナツメ社　村形聡著
- 「源泉所得税の実務」　財団法人 納税協会連合会　楢崎隆章著
- 「図解　所得税」　財団法人　大蔵財務協会　西野克一著
- 「問答式　法人税　事例選集」　清文社　森田政夫著
- 「役員と使用人の給与・賞与・退職金の税務」　財団法人　大蔵財務協会　若林孝三・中津山準一・有賀文宣・吉田行雄共編
- 「平成17年版　源泉所得税　現物給与をめぐる税務」　財団法人　大蔵財務協会　冨永賢一著
- 「精選法人税重要事例400」　税務研究会　税理士法人プライスウォーターハウスクーパース編
- 「平成20年1月改訂　減価償却実務問答集」　財団法人納税協会連合会　鈴鹿良夫編
- 「カンタン! 安心! 初めてでも1人でできる確定申告」　ゴマブックス　辻・本郷税理士法人編
- 「回答事例による所得税　質疑応答集」　財団法人 大蔵財務協会　苫米地邦男編
- 「同族会社のための税務調査」　東峰書房　本郷孔洋監修、八重樫巧著
- 「同族会社のための『事業承継』」　東峰書房　本郷孔洋監修、西村昌彦著
- 「成功はゴミ箱の中に レイ・クロック自伝―世界一、億万長者を生んだ男 マクドナルド創業者」　プレジデント社　レイ・A. クロック、ロバート・アンダーソン著
- 「本郷孔洋の経営ノート2011―今を乗り切るヒント集―」　東峰書房　本郷孔洋著

参考サイト

国税庁　質疑応答事例
http://www.nta.go.jp/shiraberu/zeiho-kaishaku/shitsugi/01.htm

国税庁　タックスアンサー
http://www.nta.go.jp/taxanswer/index2.htm

やさしい株のはじめ方～基礎からわかる株式投資～
http://kabukiso.com/

「大阪産業創造館」
http://www.sansokan.jp/

日経レストランOnline
http://nr.nikkeibp.co.jp/

神奈川労働局
http://kanagawa-roudoukyoku.jsite.mhlw.go.jp/

社長のための労働相談マニュアル
http://www.mykomon.biz/

税務会計情報ねっ島　TabisLand
http://www.tabisland.ne.jp/index.htm

裁判所
http://www.courts.go.jp/

J-Net（独立行政法人　中小企業基盤整備機構）
http://j-net21.smrj.go.jp/index.html

銀行融資ローン悩み疑問
http://ginkobank.com/

独立行政法人中小企業基盤整備機構
http://www.smrj.go.jp/

辻・本郷税理士法人

　平成14年4月設立。東京新宿に本部を置き、青森、八戸、秋田、盛岡、遠野、一関、仙台、新潟、上越、館林、大宮、川口、吉祥寺、渋谷、横浜、湘南、小田原、伊東、名古屋、四日市、京都、大阪、岡山、広島、福岡、大分、沖縄に支部がある。全体のスタッフは650名（関連グループ会社を含む）。医療、税務コンサルティング、相続、事業承継、M&A、企業再生、公益法人、移転価格、国際税務など各税務分野別に専門特化したプロ集団。弁護士、不動産鑑定士、司法書士との連携により顧客の立場に立ったワンストップサービスとあらゆるニーズに応える総合力に定評がある。

〒163-0631　東京都新宿区西新宿1丁目25番1号　新宿センタービル31階
電話　03-5323-3301（代）
FAX　03-5323-3302
URL　http://www.ht-tax.or.jp/

〈監修者プロフィール〉

本郷 孔洋（ほんごう よしひろ）

　1945年岩手県生まれ。1969年、早稲田大学第一政経学部卒業。1972年、早稲田大学大学院商学研究科修士課程修了。同年、昭和監査法人入所（現、新日本有限責任監査法人）。1975年、公認会計士登録。1977年、本郷公認会計士事務所開設。1985年神奈川大学講師。2002年、辻・本郷税理士法人理事長就任。2005年、東京理科大学講師。2008年、東京大学講師。2009年、環境省中央環境審議会専門委員。2011年神奈川大学中小企業経営経理研究所客員教授。著書に『営業利益2割の経営』『稼げる税理士になる方法』他多数。

〈執筆協力者一覧〉

星野正法（ほしのまさのり）
税理士　　統括部長

若槻真理（わかつきまり）
税理士　　課長

大石友也（おおいしともや）
主任

山中良太（やまなかりょうた）
主任

税理士が見つけた!
本当は怖い飲食業経理の失敗事例55

2011年10月19日　初版第1刷発行
2013年10月25日　初版第2刷発行

監修	本郷孔洋
編著	辻・本郷税理士法人　飲食業プロジェクトチーム
編集協力	山崎実由貴
発行者	鏡渕　敬
発行所	株式会社 東峰書房
	〒102-0074 東京都千代田区九段南4-2-12
	電話　03-3261-3136　FAX　03-3261-3185
	http://tohoshobo.jp/
装幀・デザイン	小谷中一愛
印刷・製本	㈱シナノパブリッシングプレス

Hongo Tsuji Tax & Consulting 2013　ISBN:978-4-88592-131-5　C0034